令和三年度入学者選抜学力検査問題

国　語

（50分）

国立高等専門学校

（配　点）

1	12点
2	31点
3	29点
4	28点

（注意事《じ》項《こう》）

1　問題冊子は指示があるまで開かないこと。

2　問題冊子は一ページから十四ページまである。検査開始の合図のあとで確かめること。

3　検査中に問題冊子の印刷不鮮明、ページの落丁・乱丁及び解答用紙の汚れ等に気づいた場合は、静かに手を高く挙げて監督《かんとく》者に知らせること。

4　解答用紙に氏名と受検番号を記入し、受検番号と一致《いっち》したマーク部分を塗《ぬ》りつぶすこと。受検番号が「0（ゼロ）」から始まる場合は、0（ゼロ）を塗りつぶすこと。

5　解答には、必ず**ＨＢの黒鉛筆**を使用すること。なお、解答用紙に必要事項が正しく記入されていない場合、または解答用紙に記載してある「マーク部分塗りつぶしの見本」のとおりにマーク部分が塗りつぶされていない場合は、解答が無効になることがある。

6　一つの解答欄《らん》に対して複数のマーク部分を塗りつぶしている場合、または指定された解答欄以外のマーク部分を塗りつぶしている場合は、有効な解答にはならない。

7　解答を訂正《ていせい》するときは、きれいに消して、消しくずを残さないこと。

1 次の(1)から(6)までの傍線《ぼうせん》部の漢字表記として適当なものを、それぞれ**ア**から**エ**までの中から一つずつ選べ。

(1) 博物館でドウ像を鑑賞する。 ア 胴 イ 銅 ウ 同 エ 導

(2) 学問をオサめる。 ア 収 イ 納 ウ 治 エ 修

(3) 城の天守カクからのながめ。 ア 角 イ 閣 ウ 格 エ 革

(4) まるまるとコえた馬。 ア 肥 イ 請 ウ 太 エ 越

(5) 円滑に議事をススめる。 ア 促 イ 勧 ウ 薦 エ 進

(6) フルって応募《おうぼ》する。 ア 震 イ 振 ウ 奮 エ 降

2 次の文章を読んで、後の問いに答えよ。

行《ゆ》く春(注1)を近江《おうみ》の人と惜《お》しみけり　芭蕉《ばしょう》

先師曰《いわ》く、尚白《しょうはく》が難に、〈近江〉は〈丹波《たんば》〉にも、〈行く春〉は〈行く歳《とし》〉にもふるべし、と言へり。汝《なんじ》いかが聞きはべるや。去来《きょらい》(注2)曰く、尚白が難当たらず。湖水朦朧《もうろう》として、春を惜しむにたよりあるべし。殊《こと》に今日《こんにち》の上にはべる、と申す。先師曰く、しかり。古人もこの国に春を愛すること、をさをさ都に劣らざるものを。去来曰く、この一言《いちごん》、心に徹《てっ》す。行く歳、近江にゐたまはば、いかでかこの感ましまさん。行く春、丹波にいまさば、もとよりこの情浮かぶまじ。風光の人を感動せしむること、真《まこと》なるかな、と申す。先師曰く、汝は去来、ともに風雅を語るべきものなり、とことさらに悦《よろこ》びたまひけり。

（『去来抄《きょらいしょう》』）

尚白という人は、芭蕉の『野ざらし紀行』(注3)の旅の際に入門した人で、近江ではいちばん先輩格の門人であったのですが、『猿蓑《さるみの》』(注4)期になってきますと、芭蕉の新しい動きについて行けなくなってしまって、ちょっとしたAそねみ、ひがみを抱いていたのでしょう。そこで(1)芭蕉の句を非難するといったようなことにもなったのだろうと思いますが、その尚白の非難というのは、「近江は丹波にも、行く春は行く歳にもふるべし」ということであった。つまりこの一句の中で、「行く春」「近江」とあるのを他のことばに置き換えて、たとえば、

行く歳を近江の人と惜しみける

としても、あるいは、

行く春を丹波の人と惜しみける

としたって、一句として成立するじゃないか、というのです。このように一句の中のことばがもうギリギリ、これ以上他には動かせないといった決定度に達してなくて、まだ他のことばに置き換えうるような場合、それを「ふる」、つまり振れる、動くというふうに言います。

芭蕉は去来に、そうした尚白の非難のあったことを伝えて、「汝いかが聞きはべるや」（「聞く」というのは単に耳で聞くという意味ではなく理解し鑑賞するという意味）、おまえはどう受け取るかね、と質問をした。去来は答えて、(2)「尚白が難当たらず」、尚白の非難はマトはずれ、見当違いです。「湖水朦朧として、春を惜しむにたよりあるべし」、近江の国は琵琶湖《びわこ》の面《おもて》も朦朧とうち霞《かす》んで、いかにも惜春《せきしゅん》の情をB吐露《とろ》するのにふさわしいものがあるでしょうと、こう言っております。

「湖水朦朧として」というのは、何でもない文句のようでありますが、その背景に実は芭蕉たちの間の共通の詩情をささえるものとして、(注5)蘇東坡《そとうば》の「西湖《せいこ》」の詩のあったことをつけ加えておく必要があるでしょう。西湖の晴雨ともに美しい景色を(3)もし美人西施《せいし》のおもかげに比するならば、その厚化粧をした姿も美しければ、また薄化粧の姿も美しいがごとくであるとよんだものです。

芭蕉たちは湖の景色に接するとき、いつもこの詩を思い浮かべて西湖に思いを馳《は》せ、そこにあるいは中国の美人西施のおもかげを、もしくは、それを日本に移して美女小野小町《おののこまち》のおもかげを思い描いたりしたのでした。去来が「湖水朦朧として」と言ったのも、そうした湖に寄せる共通の詩情にもとづき、そこに、蘇東坡によって「山色朦朧」とよまれた西湖のおもかげを重ね合わせてのことにほかならなかったといっていいでしょう。

ところで去来はここでさらに、(4)「殊に今日の上にはべる」と、とくに「今日の上」に力点をおいて答えている。つまり、これは今日の芭蕉先生の現実の体験の上にもとづき、実際の景色に臨んでの作品ですから、もうふれるなどという非難の介入する余地はありません、というのですね。芭蕉はそれを承《う》けて「しかり」、おまえの言うとおりだと大きく肯定《こうてい》しながら、しかし、(5)「古人もこの国に春を愛すること、をさをさ都に劣らざるものを」と、ちょっと違うことをつけ加えています。

昔の歌人たちも、この近江の国の春光を愛惜《あいせき》したことは、彼らが都の春を愛惜したのにけっして劣らないくらい深かったことだ、というのですね。それは、たとえば(注6)『新古今集《しんこきんしゅう》』に収める(注7)後京極良経《ごきょうごくよしつね》の「あすよりは志賀の花園まれにだにたれかは訪《と》はん春のふる里」とか、(注6)『続後拾遺集《しょくごしゅういしゅう》』に収める(注7)藤原定家《ふじわらのさだいえ》の「さざ波や志賀の花園霞《かす》む日のあかぬ匂ひに浦風《うらかぜ》ぞ吹く」などの和歌を心に置いて、そう言ったものでしょう。去来はそれを聞いて、「この一言、心に徹す」、今の先生のおことばは深く心の中にしみ徹《とお》りました。もし先生が行く歳近江にいらっしゃったならば、どうして去り逝《ゆ》く年を惜しむというような詩情が生まれてきましょうか。また、行く春丹波にいらっしゃったならば、もとよりこうした惜春の詩情は浮かびますまい。「風光」（自然の景色）というものが人を感動せしむることには、昔の歌人を感動させ、今また芭蕉先生を感動させる、古今を一貫《いっかん》して変わらない真実なるものがございますなあ、というふうに心からの共感を示したところ、芭蕉は「汝は去来、ともに風雅を語るべきものなり、とことさらに悦びたまひけり」、おまえこそはともに風雅を語るに値《あたい》する人間だと非常に(6)悦ばれたというのです。

（尾形仂《おがたつとむ》『芭蕉の世界』による）

（注1） 近江＝今の滋賀《しが》県。　（注2） 去来＝芭蕉の門人、向井《むかい》去来。『去来抄』はその著作。

（注3）『野ざらし紀行』＝一六八四年から翌年にかけての旅の紀行文。　（注4）『猿蓑』＝芭蕉円熟期の著作。

（注5） 蘇東坡＝中国、宋《そう》時代の文学者・政治家。　（注6）『新古今集』・『続後拾遺集』＝鎌倉《かまくら》時代の和歌集。

（注7） 後京極良経・藤原定家＝鎌倉時代の歌人。

問1　本文中の、Aそねみ、B吐露する の意味として適当なものを、それぞれ次の**ア**から**エ**までの中から一つ選べ。

A　**ア** あせる気持ち　**イ** 見下す気持ち　**ウ** 嫉妬する気持ち　**エ** 後悔する気持ち

B　**ア** 心に思っていることを隠さず述べる　**イ** 感動のあまり思わず声を出す

ウ 隠しておきたいことをつい白状する　**エ** 無意識に本心を語ってしまう

問2　本文中に、(1)芭蕉の句を非難する とあるが、尚白は芭蕉の句をどのように批判したのか。その説明として最も適当なものを、次の**ア**から**エ**までの中から一つ選べ。

ア「近江」「行く春」には共通の詩情をささえる伝統的要素がない。　**イ**「近江」「行く春」は実体験に基づいて用いた表現とは言えない。

ウ「近江」「行く春」にはその語を使わねばならない必然性がない。　**エ**「近江」「行く春」は情景や状況を思い浮かばせる力が足りない。

問3　本文中に、(2)「尚白が難当たらず」、尚白の非難はマトはずれ、見当違いです。とあるが、去来が尚白を「見当違い」だとするのは、なぜか。その理由として最も適当なものを、次の**ア**から**エ**までの中から一つ選べ。

ア 近江で作られた古歌の伝統を踏まえて惜春の情を詠《よ》んだ句であると尚白は知らないから。

イ 芭蕉に対する尚白のひがみによる感情的な非難で句そのものに対する批判ではないから。

ウ 湖面がおぼろに霞み渡っている光景を実際に見て詠んだ句だと尚白には分からないから。

エ 句には蘇東坡の詩のおもかげが重ね合わされていることを尚白は理解できていないから。

問4　本文中に、(3)もし美人西施のおもかげに比するならば、とあるが、どういう意味か。その説明として最も適当なものを、次の**ア**から**エ**までの中から一つ選べ。

ア もし美人の西施の姿を思い描くならば　**イ** もし美人の西施の姿になぞらえるならば

ウ もし美人の西施が目の前に現れるならば　**エ** もし美人の西施が湖を背に立つならば

問5　本文中に、(4)殊に今日の上にはべる　とあるが、どういう意味か。その説明として最も適当なものを、次の**ア**から**エ**までの中から一つ選べ。

ア　とりわけ今日の出来ばえは格別でございます。

イ　特に実際にその場で作ったものでございます。

ウ　今から現実の景色を見て作るのでございます。

エ　案外今日の出来事が該当《がいとう》しそうでございます。

問6　本文中に、(5)古人もこの国に春を愛すること、をさをさ都に劣らざるものを　とあるが、どういう意味か。その説明として最も適当なものを、次の**ア**から**エ**までの中から一つ選べ。

ア　この地方で春を惜しんだ古人の思いは、都にいた時に比べて日に日に強くなっていたらしい。

イ　丹波の国で春を惜しんだ古人の思いが、都で春を惜しむ気持ちより勝っているとは言えない。

ウ　この日本の様々な地方で春を惜しんだ古人の思いは、都で春を惜しむのと大した違いはない。

エ　近江の国で春を惜しんだ古人の思いは、都で春を惜しんだ気持ちとほとんど同じくらい深い。

問7　本文中に、(6)悦ばれた　とあるが、この「れ」と同じ働きをするものはどれか。最も適当なものを、次の**ア**から**エ**までの中から一つ選べ。

ア　先生から学生時代に苦労されたお話を聞いた。

イ　卒業写真を見たら先生のことが懐《なつ》かしく思い出された。

ウ　先生は登山中にハチに刺されて困ったそうだ。

エ　先生に指名されてクラスメイトの前で詩の朗読をした。

問8　本文の内容に合致《がっち》するものを、次の**ア**から**エ**までの中から一つ選べ。

ア　近江という地名には、中国の西湖という地名と同様に深い歴史的な意味合いが込められているのである。

イ　古い時代の和歌をもとにしていれば、今いる地名を和歌に詠まれた地名に置き換えて句を創作してよい。

ウ　古代の貴族と同じ地で同じ感慨《かんがい》を抱いて句を詠むことによって、初めて人々を感動させる作品ができる。

エ　昔の人が詠んだ詩歌を踏まえつつ自分の体験を句に詠むことで、伝統的な詩情とつながることができる。

3

次の文章を読んで、後の問いに答えよ。

(1)地球上のあらゆる物質は動いており、時とともにその空間上の位置を変える。極めて瞬時には原子レベルで移動するものもあるだろう。しかし、われわれ人間が日常の感覚でとらえられるかぎりでのモノの移動は、分子レベル、あるいは化合物レベルもしくはそれ以上のレベルである。酸素はO_2という分子の形で移動する。(注1)活性である酸素は、他の元素と結びついた形でも動き回る。酸素分子が大気中から消え去らずに動き回るので、酸素を必要とする生物は存在できるのである。

酸素と水素が結びついてできた水（H_2O）は大気圏《けん》内を動き回る。地上あるいは河川・海洋から蒸発した水は、再び雨となって地上に戻る。地中に染《し》み込んだ水も(注2)湧水《ゆうすい》となり、あるいは河川に流れ込むことによっていずれは大気に移動し、再び雨となって地上に降り注ぐ。どのような経路をとって循環《じゅんかん》するかは、地理的条件・気象条件などさまざまな条件に依存《いぞん》する。海洋の水は、海洋内部においても移動する。海洋の大きな循環のスピードは極めて緩《ゆる》やかで、千年以上の単位で動くと考えられている。

さて、物質の動きおよびその相互作用を関連付けて捉《とら》えることは、全く無限定の状況では行い得ない。ある領域ないし範囲《はんい》を設定する必要がある。このように定められた領域ないし範囲のことを「系」と呼ぶことがある。系を設定するとき、物質の性質を基にして行う場合もあるし、地理的な条件を基にしてする場合もある。また、どのようにものをみるかということに依存して行う場合もある。

[a]、生物の生息という性質の視点から領域設定を行うと、「生態系」という系が設定できる。また、水の循環を見る場合、河川の流域という系に限って把握《はあく》することも可能である。さらに、経済的な関係に絞《しぼ》って物質の動きを見ることも可能であるが、その場合「経済系」という範囲でものをみることができる。

どのような系を例にとってもよいが、とにかく一つの系を取ったとき、その系には物質が流入する一方その系から物質が流出する。もちろん、短期的には一つの系への物質の流入・流出は一定ではないことがある。自然による揺《ゆ》らぎもあるだろうし、人為《じんい》的な揺らぎもある。[b]、どんな系をとってもその容量（これを環境容量と呼ぶことがある）は有限であるから、一方的に流入が続いたり、一方的に流出が続いたりすることはあり得ない。一つの系への物質の流入・流出が一定になり、系のなかの循環がバランスの取れた状態になったとき、その系は「定常状態」にあるという。

流入・流出の収支が均衡《きんこう》しないと系は乱され、それまであった定常状態は成立しなくなるけれど、系の(注3)攪乱《かくらん》の程度が小さい場合長期的には元の定常状態に復帰することが多い。そのような場合、当初あった定常状態は安定であるという。しかし攪乱の程度が著しく大きい場合、系はもはや元の定常状態を保つことができず、(2)全く異なった定常状態へと移行することもある。そして攪乱の行き着いた末の定常状態において種が絶滅してしまうということもあり得る。

環境問題で領域の範囲を定める場合、通常最も大きなものとしては地球を考えればよい。確かに隕石《いんせき》の衝突などによって、宇宙から物質が流入する場合もあるが、現実的にはその流入量は無視しうるので、ここでは地球を最も大きな物理的な領域として考える。

地球という系は、物質的な流入・流出という意味では閉じているが、エネルギーの流入・流出という意味では閉じていない。常に太陽からエネルギーを受け取っており、また熱を外に排出している。加えて、地球は自転することによって、常に物質の動きに変動の作用を与えている。こうして(3)物質循環という意味では地球という系は閉じているが、常に攪乱的作用を受けている。（ A ）

にもかかわらず、地球は常にある種の定常状態を取り戻そうとする重要な性質があると考えられている。この性質は、ホメオスタシスあるいは恒常《こうじょう》性と呼ばれている。地球という系では、生物と非生物《ひせいぶつ》(注4)が有機的に結びついた結果、外部からの攪乱作用があっても、以前と同じような性質を保とうとする力が働いている。[C]、地球という系は自己調整機能を持っていると考えられるのである。地球という系に自己調整機能が備わっているという仮説を「ガイア仮説」という。この仮説は、J・E・ラブロックという科学者によって唱えられた。（ B ）

ラブロックによれば、生物が地球上に現れて以来、およそ四十億年近くたったが、その間に太陽からの発熱量は増加した。それにもかかわらず、生物にとって自然環境は激変することはなく、地球は生物にとって住みやすい場所であり続けた。この例からもわかるように、地球という系は、何らかの変動要因を与えられているにもかかわらず、恒常性を取り戻そうとしていると考えられるのである。本来化学反応しやすい酸素が、O_2という形で大気中のガスの二〇%を占《し》めており、その濃度《のうど》は一定しているのも、地球という系で生物と無生物が安定的な相互関係を結んでいると考えられるからである。活性な酸素が安定的に地球上に存在することは、好気性（酸素に基づく代謝を行う性質）の生物にとってこれほどありがたいことはない。（ C ）

しかしながら、(4)地球という系においてホメオスタシスないし恒常性という性質がこれまであったとしても、未来永劫《えいごう》であり続ける保証はない。また、仮に地球という系でホメオスタシスが保たれたとしても、地球上の限られたより小さな系においては定常状態が著しく乱され、物質循環の状態が激変するということは十分あり得る。（ D ）

今から六五〇〇万年前の隕石の衝突によって地球の環境は激変した。(注5)核《かく》の冬のように、粉塵《ふんじん》が空を覆《おお》ったため日差しは地表に届きにくくなり、光合成は難しくなった。この結果植物量は減少し、これを食べていた草食恐竜《きょうりゅう》の数が急激に減った。さらに、これを捕食していた肉食恐竜も存在ができなくなった。こうして恐竜の時代が終焉《しゅうえん》したのである。そして、わずかな量の植物で生きていた小型哺乳類《ほにゅうるい》が、大型爬虫類《はちゅうるい》の恐竜にとって代わるようになる。この小型哺乳類が人類の祖先というわけである。今、人類は隕石の衝突に匹敵するような環境の変化を地球にもたらしているのかもしれない。そうだとしたら、(5)ホメオスタシスという性質が常に保証されていると想定することはあまりにも楽観的に過ぎる。

（細田衛士《ほそだえいじ》『環境と経済の文明史』による）

（注1）活性＝物質が化学反応を起こしやすい性質をもっていること。　（注2）湧水＝地下からわき出る水。
（注3）攪乱＝かき乱すこと。　（注4）有機的＝多くの部分が結びつき、全体が互いに密接に関連し合っているさま。
（注5）核の冬＝核戦争によって大気中に巻き上げられた粉塵で太陽光線がさえぎられて起こると想定される寒冷化現象。

問1　空欄《くうらん》[a]、[b]、[c]に入る語として適当なものを、それぞれ次の**ア**から**エ**までの中から選べ。**ただし、同じ語は二回入らない。**

ア　しかし　　**イ**　もしくは　　**ウ**　すなわち　　**エ**　たとえば

問2　次の一文が入るのは、本文中の（ **A** ）から（ **D** ）のどこか。最も適当なものを一つ選べ。

その場合、生物種の中には絶滅するものも出てくるだろう。

問3　本文中に、(1)地球上のあらゆる物質は動いており、時とともにその空間上の位置を変える。とあるが、どういうことか。その説明として最も適当なものを、次の**ア**から**エ**までの中から一つ選べ。

ア　地球上のすべての物質は、小さく分解された形になって、化学変化を繰り返しながら広範囲を移動し続けているということ。
イ　地球上のすべての物質は、人間の視覚でとらえられる範囲で、頻繁《ひんぱん》に出たり入ったりする運動を繰り返しているということ。
ウ　地球上のすべての物質は、その形を変えながらも、時間がたつにつれて地球という領域の範囲内を移動しているということ。
エ　地球上のすべての物質は、表面上は変化しないように見えても、その内部は分子レベルで常に入れ替わっているということ。

問4　本文中に、(2)全く異なった定常状態へと移行する　とあるが、地球環境を例に取った場合は、これはどのような状態になることを意味するか。その説明として最も適当なものを、次の**ア**から**エ**までの中から一つ選べ。

ア　地球全体として物質循環のバランスは取れているが、自然環境や生物の生息状況は大きく変化を遂《と》げた状態。
イ　太陽からのエネルギー流入の変化によって地球の平均気温が下がり、温暖化以前の自然環境が復元した状態。
ウ　物質循環のバランスが大きく崩《くず》れ、人間を含《ふく》めた生物種の全てが地球上では生存を続けられなくなった状態。
エ　人間の活動によって物質の流出量が増加し、地球全体で見た物質の流入・流出の収支が合わなくなった状態。

問5　本文中に、(3)物質循環という意味では地球という系は閉じているが、常に攪乱的作用を受けている。とあるが、どういうことか。その説明として最も適当なものを、次の**ア**から**エ**までの中から一つ選べ。

ア　地球に流れ込んでくるのは、物理的実体を持たない熱エネルギーのみであるが、その熱が地球の物質循環に与える影響は、ますます拡大し続

2021(R3) 国立高専
教英出版

1 次の各問いに答えなさい。

(1) $-2^2 \div \dfrac{3}{5} + 6 \times \left(\dfrac{1}{3}\right)^2$ を計算すると $\boxed{アイ}$ である。

(2) 2次方程式 $2x^2 + 8x - 1 = 0$ を解くと $x = \dfrac{\boxed{ウエ} \pm \boxed{オ}\sqrt{\boxed{カ}}}{\boxed{キ}}$ である。

(3) 2つの関数 $y = \dfrac{a}{x}$ と $y = -3x + 1$ について，x の値《あたい》が1から4まで増加するときの変化の割合が等しい。このとき，$a = \boxed{クケ}$ である。

(4) 下の図のように，関数 $y = \dfrac{18}{x}$ のグラフと直線 $y = ax - 1$ が2点で交わっている。そのうち，x 座標が正であるものをAとする。点Aから x 軸に垂線を引き，その交点をBとする。また，直線 $y = ax-1$ と x 軸との交点をCとすると，BC : CO = 2 : 1である。このとき，点Aの y 座標は $\boxed{コ}$ であり，$a = \dfrac{\boxed{サ}}{\boxed{シ}}$ である。

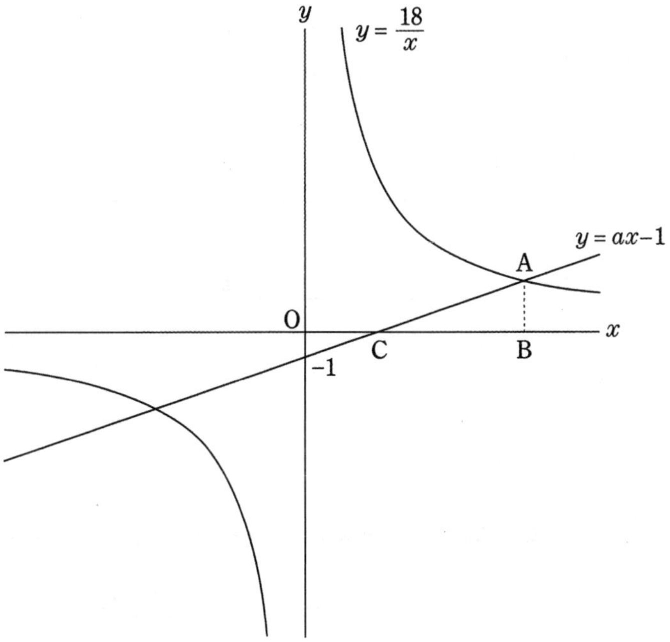

［ 計 算 用 紙 ］

(5) A, B, C, D, Eの5人から，くじ引きで3人の当番を選ぶとき，選び方は全部で[スセ]通りある。

(6) あるクラスにおいて，各生徒が冬休み中に図書館から借りた本の冊数をまとめたところ，右の度数分布表のようになった。このとき，冊数の最頻値（モード）は[ソ]冊である。また，4冊借りた生徒の人数《にんずう》の相対度数は，小数第3位を四捨五入して表すと0.[タチ]である。

冊数（冊）	度数（人）
0	6
1	8
2	9
3	5
4	6
5	1
6	1
合計	36

［ 計 算 用 紙 ］

(7) 下の図で，2 直線 l，m は平行であり，同じ印のつけられている角がそれぞれ等しいとき，$\angle x =$ [ツテト] $^\circ$ である。

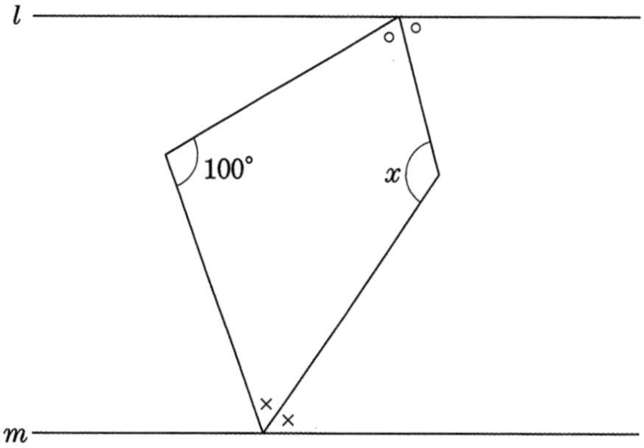

(8) 底面の半径 6 cm，高さ h cm の円柱がある。この体積が，半径 5 cm の球と半径 4 cm の球の体積の和に等しいとき，$h =$ [ナ] cm である。

[計 算 用 紙]

2 図1のように，自然数を1段に7つずつ，1から小さい順に並べていく。このとき，次の各問いに答えなさい。

図1

1段目	1	2	3	4	5	6	7
2段目	8	9	10	11	12	13	14
3段目	15	16	17	18	19	20	21
⋮				⋮			

(1) 図2のように，

1	2
8	9

や

12	13
19	20

のような図1の中にある自然数を四角で囲ってできる4つの数の組

a	b
c	d

について考える。

図2

1段目	1	2	3	4	5	6	7
2段目	8	9	10	11	12	13	14
3段目	15	16	17	18	19	20	21
⋮				⋮			

このとき，$ad-bc$ の値《あたい》はつねに-7になることを次のように証明した。

【証明】

b，c，d をそれぞれ a を用いて表し，$ad-bc$ を計算すると，

$$ad-bc = a\left(a+\boxed{\text{ア}}\right)-\left(a+\boxed{\text{イ}}\right)\left(a+\boxed{\text{ウ}}\right)$$

$$= a^2+\boxed{\text{ア}}\,a-\left(a^2+\boxed{\text{エ}}\,a+\boxed{\text{オ}}\right)$$

$$= -7$$

となる。 【証明終わり】

令和３年度入学者選抜学力検査問題

英　　　語　(50分)

(配　点)	1	2	3	4	5	6
	10点	15点	24点	15点	15点	21点

(注意事《じ》項《こう》)

1　問題冊子は指示があるまで開かないこと。

2　問題冊子は１ページから８ページまである。検査開始の合図のあとで確かめること。

3　検査中に問題冊子の印刷不鮮明，ページの落丁·乱丁及び解答用紙の汚れ等に気づいた場合は，静かに手を高く挙げて監督《かんとく》者に知らせること。

4　解答用紙に氏名と受検番号を記入し，受検番号と一致《いっち》したマーク部分を塗《ぬ》りつぶすこと。受検番号が「0（ゼロ）」から始まる場合は，0（ゼロ）を塗りつぶすこと。

5　解答には，必ずＨＢの黒鉛筆を使用すること。なお，解答用紙に必要事項が正しく記入されていない場合，または解答用紙に記載してある「マーク部分塗りつぶしの見本」のとおりにマーク部分が塗りつぶされていない場合は，解答が無効になることがある。

6　一つの解答欄に対して複数のマーク部分を塗りつぶしている場合，または指定された解答欄《らん》以外のマーク部分を塗りつぶしている場合は，有効な解答にはならない。

7　解答を訂正《ていせい》するときは，きれいに消して，消しくずを残さないこと。

1 次の各組の英文がほぼ同じ内容となるよう，（ A ）と（ B ）に入れるのに最も適当な組み合わせをア～エの中からそれぞれ一つずつ選びなさい。

1． I help her and she （ A ） helps me.
She and I help （ B ）.

ア (A) often (B) forever	イ (A) never (B) together	ウ (A) too (B) anyone	エ (A) also (B) each other

2． He didn't say （ A ） to me when he left.
He said （ B ） to me when he left.

ア (A) anything (B) something	イ (A) anything (B) nothing	ウ (A) nothing (B) anything	エ (A) something (B) anything

3． My grandfather （ A ） how to send an e-mail.
My grandfather （ B ） send an e-mail.

ア (A) forgot (B) would	イ (A) doesn't know (B) can't	ウ (A) didn't ask (B) would	エ (A) teaches (B) can't

4． I （ A ） her birthday party.
I had a （ B ） time at her birthday party.

ア (A) enjoyed (B) good	イ (A) opened (B) funny	ウ (A) had (B) hard	エ (A) missed (B) poor

5． Our school was （ A ） eighty years ago.
Our school is eighty years （ B ） now.

ア (A) building (B) new	イ (A) build (B) young	ウ (A) building (B) age	エ (A) built (B) old

2　次の１～５の会話文の（　　）に入る適切なものを，ア～エの中から一つずつ選びなさい。

1．A：Did you wash your hands when you came home?

B：(　　　　　　)

A：That's good. You should always wash your hands before you eat. Now we can have dinner.

ア　I washed my face in the morning.　　イ　Of course I did.

ウ　No, I have never washed them.　　エ　Oh, no! I forgot.

2．A：Could you tell me the way to the nearest bus stop?

B：Well, (　　　　　　) Follow me, please.

A：Thank you for helping me to get to the bus stop.

ア　I'm too tired to go there.　　イ　I haven't seen it before.

ウ　I'm going there, too.　　エ　I don't think so.

3．A：Excuse me. Which line goes to the national museum?

B：If you want to go there, (　　　　　　) the Blue Line. Then change trains at Green Station.

A：All right. Thank you very much.

ア　it's your turn to　　イ　go back to your seat into

ウ　you have to try to　　エ　you must get on

4．A：Hello. This is Suzuki Hiroshi. Is Ms. Okada there?

B：I'm sorry. (　　　　　　)

A：It's Suzuki. Suzuki Hiroshi.

B：Thank you. I'm sorry, she is not here now. Shall I take a message?

ア　I couldn't hear your name clearly.　　イ　How are you today?

ウ　Can I ask you something?　　エ　I can't see her.

5．A：Hello, what are you looking for today?

B：I broke my pen. I want a new one. (　　　　　　)

A：Yes, I think we do. This way, please.

ア　Would you like another pen?　　イ　Can you say that again, please?

ウ　Will you show me the way to your home?　　エ　Do you have one like this?

3 次の文章をよく読んで，後の問いに答えなさい。

A long time ago in America, George was working at a restaurant as a cook. One night, a very rich man ア visited George's restaurant. He ordered many dishes for his dinner. (1) of the dishes was French fries. The dish was very popular at George's restaurant. George イ cooked it, and then a waitress served it to the man. He ウ started to eat it. He (2) stopped エ eating and called the waitress. He said to her, "Hey! It's too thick and oily. I cannot eat it. (3) the cook to make the dish again." Then, she went to the kitchen, told George about the rich man and オ asked George (4) the dish again.

Once again, George started to cook French fries. This time, he cut the potatoes thinner than the first time. Then, he called the same waitress and told her to (5) the dish to the man. But he didn't like George's second French fries and sent them back to the kitchen again. George was very angry. So, he cut the potatoes so thin that he could see through them. He wanted to annoy the man. They were (6) thin to eat with a fork. This time, George served the dish to the man, stood by him and カ waited. The rich man ate it. "Wonderful!" he said.

These were the first potato chips in the world! After that, potato chips became another popular dish at the restaurant.

（注）order 注文する　French fries フライドポテト　waitress ウェイトレス
thick 太い　oily 油っぽい　potato ジャガイモ
thin 薄い　annoy 困らせる　fork フォーク
potato chips ポテトチップス

問１　本文中の（１）～（６）に入れるのに適切なものを，ア～エの中から一つずつ選びなさい。

	ア	イ	ウ	エ
（１）	This	That	One	Both
（２）	early	still	suddenly	usually
（３）	Hear	Say	Speak	Tell
（４）	cook	cooked	cooking	to cook
（５）	eat	serve	cook	receive
（６）	much	to	too	more

問２　次の１と２が表す内容と同じ意味で使われている語を，本文中の下線部ア～カからそれぞれ一つずつ選びなさい

1 do nothing until someone or something arrives or until something happens

2 tell someone that you want them to do something

4 次の１～５の会話文の（　　）内の語を並べ替え，それぞれの文を完成しなさい。解答は，（　　）内において３番目と５番目にくるものの記号を選びなさい。なお，文頭にくる語も小文字で書かれています。

1．A：We have a baseball game tomorrow.

B：Yes, I（ア be　イ fine　ウ hope　エ the　オ weather　カ will）.

A：Me, too!

2．A：Excuse me. Can you help me? I am looking for the post office.

B：Sure. Go straight along this street. You（ア at　イ end　ウ find　エ it　オ the　カ will）of the street.

3. A：Do you know that Hiroshi broke his leg and he is in the hospital?

B：Yes, I know. He said he wanted something to read. What（ア about　イ bringing　ウ do　エ him　オ think　カ you）some comics?

A：That's a good idea.

4. A：Hiroko didn't come to our club after school today. I'm worried about her.

B：Her brother is not feeling well, so she（ア at　イ care　ウ him　エ is　オ of　カ taking）home.

A：Oh, that's too bad.

5. A：Have you ever seen this movie?

B：No, but it looks interesting.

A：（ア go　イ I　ウ someone　エ to　オ want　カ with）me. Are you free this weekend?

5 次の文章をよく読んで，後の問いに答えなさい。

Takashi was born on the first day of 2005. When he was born, Takashi's parents were both twenty-eight years old. Just two years and one month later, Takashi's sister was born. The baby was named Naomi. The next day was her mother's birthday. On Naomi's first birthday, she was 9 kg and 74 cm tall and Takashi was 14 kg and 90 cm tall. Takashi's height was just half of his father's. Takashi entered kindergarten that year.

Takashi entered elementary school when he was six years old. On his first day at school, Takashi was 20 kg and 115 cm tall.

Naomi entered kindergarten at the same age as Takashi did. When she entered elementary school, she had the same weight and height as Takashi on the day of his entrance into elementary school. On the day of Naomi's entrance into elementary school, Takashi was, of course, taller than Naomi. The difference between Takashi's height and Naomi's was 15 cm.

Takashi is now a junior high school student. He became fourteen years old this year. He has become a tall boy. He is 170 cm tall now. However, his father's height has not changed since Takashi was born.

（注）height 身長　　kindergarten 幼稚園　　weight 体重　　entrance 入学

［問い］ 本文の内容から考えて，次の１～５の英文の（　　）に入る適切なものをア～エの中からそれぞれ一つずつ選びなさい。

1．Naomi was born in (　　　　).
ア January 2007　イ February 2007　ウ January 2008　エ February 2008

2．When Naomi was born, her mother was (　　　) years old.
ア twenty-eight　イ twenty-nine　ウ thirty　エ thirty-one

3．Takashi was 20 kg when he was (　　　) years old.
ア four　イ five　ウ six　エ seven

4．On Naomi's first day of elementary school, Takashi was (　　　) tall.
ア 74 cm　イ 90 cm　ウ 115 cm　エ 130 cm

5．Takashi's father is (　　　) tall now.
ア 165 cm　イ 170 cm　ウ 175 cm　エ 180 cm

令和３年度入学者選抜学力検査問題

理　　科

(50分)

（配　点）				
	1　9点	2　15点	3　16点	4　12点
	5　15点	6　13点	7　20点	

(注意事《じ》項《こう》)

1　問題冊子は指示があるまで開かないこと。

2　問題冊子は１ページから15ページまである。検査開始の合図のあとで確かめること。

3　検査中に問題冊子の印刷不鮮明，ページの落丁·乱丁及び解答用紙の汚れ等に気づいた場合は，静かに手を高く挙げて監督《かんとく》者に知らせること。

4　解答用紙に氏名と受検番号を記入し，受検番号と一致《いっち》したマーク部分を塗《ぬ》りつぶすこと。受検番号が「0（ゼロ）」から始まる場合は，0（ゼロ）を塗りつぶすこと。

5　解答には，必ずＨＢの黒鉛筆を使用すること。なお，解答用紙に必要事項が正しく記入されていない場合，または解答用紙に記載してある「マーク部分塗りつぶしの見本」のとおりにマーク部分が塗りつぶされていない場合は，解答が無効になることがある。

6　一つの解答欄《らん》に対して複数のマーク部分を塗りつぶしている場合，または指定された解答欄以外のマーク部分を塗りつぶしている場合は，有効な解答にはならない。

7　解答を訂正《ていせい》するときは，きれいに消して，消しくずを残さないこと。

8　定規，コンパス，ものさし，分度器及び計算機は用いないこと。

9　問題の文中の アイ ， ウ などには，特に指示がないかぎり，数字（0～9）が入り，ア，イ，ウの一つ一つは，これらのいずれか一つに対応する。それらを解答用紙のア，イ，ウで示された解答欄に，マーク部分を塗りつぶして解答すること。

10　解答は指定された形で解答すること。例えば，解答が0.415となったとき， エ . オカ ならば，小数第３位を四捨五入して0.42として解答すること。

11「正しいものを三つ選べ」など，一つの問題で複数の解答を求められる場合は，一つの解答欄につき選択肢を一つだけ塗りつぶすこと。

例　「ウ」，「オ」，「ケ」を塗りつぶす場合

問１	㋐	㋑	●	㋓	㋔	㋕	㋖	㋗	㋘	㋙
	㋐	㋑	㋒	㋓	●	㋕	㋖	㋗	㋘	㋙
	㋐	㋑	㋒	㋓	㋔	㋕	㋖	㋗	●	㋙

この場合，「ウ」，「オ」，「ケ」の順番は関係ない。

1 次の文章を読み，下の問１から問３に答えよ。

わたしたちの生活の中で排出される食べ物の残りや排せつ物などの多くの有機物が混入した汚れた水（汚水《おすい》）は，下水道に流れていく。水を汚れたままにしておくと有害なガスが発生するなどして，多くの生物はすめない環境になる。そのため，汚水を河川などの環境中に放出する前に「下水処理場」に集め，様々な処理をする。この処理の一つに，汚水に含《ふく》まれる$_{A}$有機物を養分（栄養分）として利用できる生物によって酸素を使って分解する過程がある。この過程では多くの酸素を必要とするため，人が空気を供給する。また，この処理過程では，汚水中の有機物を養分として利用できる生物集団の存在が重要である。顕微鏡《けんびきょう》でこれらの生物集団を観察すると，細菌《さいきん》，カビの仲間，ゾウリムシの仲間，そして$_{B}$ミジンコの仲間などを観察することができ，これらのあいだには「食べる―食べられる」の関係が成り立っている。

問１　下線Ａに示す分解によってできるものを次のアからオの中から二つ選べ。

ア　酸素　　イ　水素　　ウ　窒素《ちっそ》　　エ　二酸化炭素　　オ　水

問２　下線Ａの分解では，水に溶解している酸素が使われる。酸素は水温 15 ℃では１Lの水に 0.010 g 溶け込んでいる。汚水に含まれる有機物 1 g を分解するために必要な酸素は 1 g である。一人あたり１日に 60 g の有機物を排出したとき，この 60 g の有機物を分解するためには上記条件の酸素が溶け込んだ水は何L必要か。次のアからクの中から適切なものを選べ。

ア　10 L　　イ　60 L　　ウ　100 L　　エ　600 L
オ　1000 L　　カ　6000 L　　キ　10000 L　　ク　60000 L

問３　下線Ｂのミジンコは，背骨は持たないが外骨格に覆《おお》われ，体やあしが多くの節からできている。何の仲間に分類される生物か，次のアからエの中から選べ。

ア　脊椎《せきつい》動物　　イ　節足動物　　ウ　単細胞生物　　エ　軟体《なんたい》動物

2021(R3) 国立高専
K 教英出版

（このページは余白です。）

2 ある植物のつくりとはたらきについて［Ⅰ］から［Ⅳ］のように調べた。下の問1から問5に答えよ。

［Ⅰ］ この植物の根，茎《くき》，葉の断面や葉の表面を観察した。図1から図4はいずれかの観察結果である。

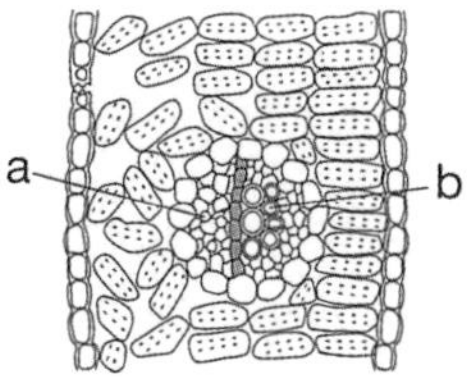

図1

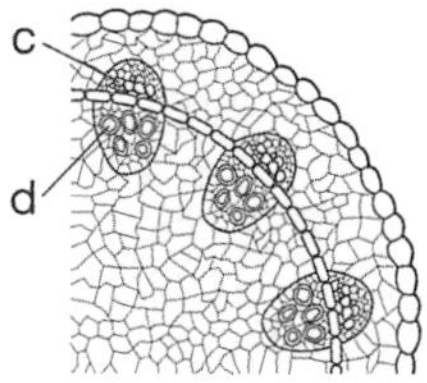

図2

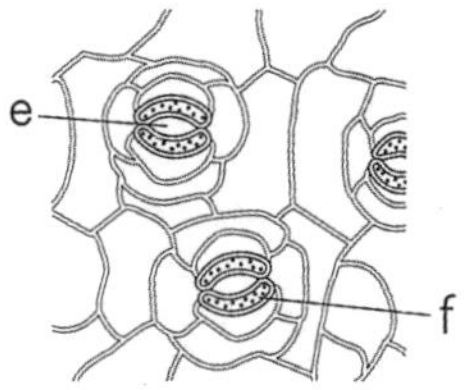

図3

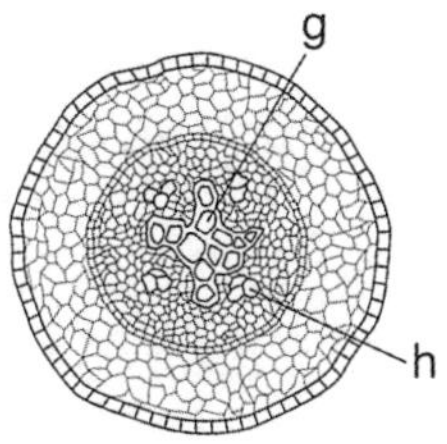

図4

問1 この植物は何の仲間に分類されるか。最も適当なものを次のアからエの中から選べ。

ア 単子葉類　　イ 双子葉類　　ウ 裸子《らし》植物　　エ シダ植物

問2 図1から図4のように，植物の体は小さなつくりが集まってできている。

1 このことについて述べた次の文の空欄《くうらん》（ ① ）から（ ③ ）にあてはまる言葉の組み合わせとして，最も適当なものを下のアからエの中から選べ。

生物の体をつくる最小単位は（ ① ）である。(①) にはさまざまな種類があるが，形やはたらきが同じ (①) の集まりを（ ② ）といい，いくつかの (②) が組み合わさって特定のはたらきをする（ ③ ）となる。そして，さまざまな (③) が集まり，1つの生物体である個体がつくられている。

ア	① 核《かく》	② 器官	③ 組織
イ	① 核	② 組織	③ 器官
ウ	① 細胞	② 器官	③ 組織
エ	① 細胞	② 組織	③ 器官

2 植物の葉は次のアからエのどれにあたるか。

ア 器官　　イ 個体　　ウ 細胞　　エ 組織

［Ⅱ］ この植物を根ごと色水につけて，水の通り道を調べる実験を行った。図4のgが染まり，図1，図2にも染まった部分が見られた。

問3 この植物で水が通るところを図1から図4のaからhの中から選び，根から吸収されて葉から蒸散されるまでに通る順番を答えよ。

[Ⅲ]　この植物を用いて，葉からの蒸散量を調べる実験を次のような手順で行った。

【実験の手順】

1．　図5のように，同じくらいの大きさの葉が同じ数だけついている枝を2本用意し，そのままの枝をA，葉を全て取り除いた枝をBとした。

2．　同じ量の水が入った試験管を2本用意し，A，Bをそれぞれ入れ，両方の試験管の水面に油を浮かせた。

3．　それぞれの総重量を電子てんびん（最小表記0.1 g）ではかった。

4．　これらを風通しの良い場所に置いた。

5．　6時間後にそれぞれの総重量を電子てんびんではかり，3.の時との差を比べて，葉からの蒸散量を調べた。

A　葉をつけた枝　　B　葉を取り除いた枝

図5

問4　この実験の目的を達成するための操作に関する記述のうち，誤っているものを次のアからエの中から選べ。

ア　Aの葉には，蒸散を抑えるワセリンを塗《ぬ》るとよい。

イ　2本の試験管にいれる水の量は，正確に同じ量にしなくてもよい。

ウ　A，Bが入った試験管の水面に油を浮かせなくてもよい。

エ　水量の変化を調べるには，メスシリンダーも使用できる。

[Ⅳ]　この植物は「挿《さ》し木」でふやすこともできた。挿し木とは，枝を1つ切り取って土に挿し，発根させて育てる方法である。これは無性生殖《せいしょく》を利用したふやし方である。

問5　無性生殖について述べたものとして，適切なものを次のアからカの中から三つ選べ。

ア　アメーバを顕微鏡《けんびきょう》で観察していると，体が二つに分裂《ぶんれつ》した。

イ　砂糖水に散布した花粉を顕微鏡で観察していると，管を伸ばすものが見つかった。

ウ　無性生殖でふえるときには，子は親と同じ種類の遺伝子を同じ数だけもつ。

エ　無性生殖でふえるときには，子は親と遺伝子の数は同じだが，異なる種類の遺伝子ももつ。

オ　農作物の品種改良をするときには，無性生殖を利用したふやし方が適している。

カ　目的とする形質の農作物を大量に得たいときには，無性生殖を利用したふやし方が適している。

3 次の［Ⅰ］，［Ⅱ］に答えよ。

［Ⅰ］ 水の状態変化に関する次の問1から問3に答えよ。

問1　図1は，氷を加熱したときの温度変化を表す模式的なグラフである。このグラフに関する記述のうち，最も適当なものを下のアからカの中から<u>二つ</u>選べ。

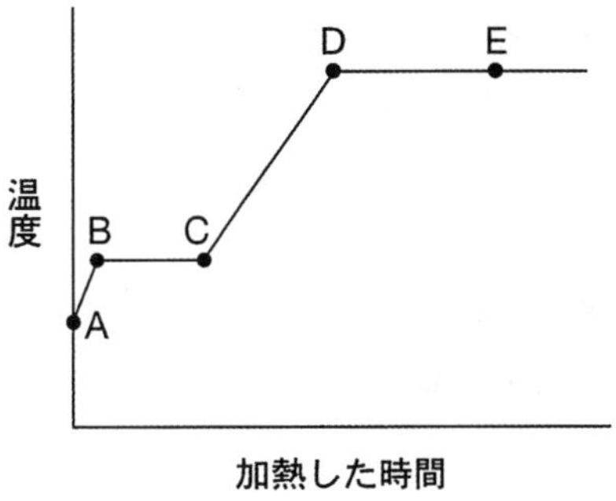

図1

ア　氷はA点から徐々にとけ始め，C点ですべてとけ終わる。

イ　氷はB点から徐々にとけ始め，C点ですべてとけ終わる。

ウ　氷はB点から徐々にとけ始め，D点ですべてとけ終わる。

エ　氷はC点から徐々にとけ始め，D点ですべてとけ終わる。

オ　水はC点では沸騰《ふっとう》しており，E点においても沸騰が続いている。

カ　水はD点では沸騰しており，E点においても沸騰が続いている。

問2　液体の水をペットボトルに入れ，ふたをして冷却《れいきゃく》し，中の水を凍らせた。ペットボトル内の水が液体から固体に変化するとき，水の体積と質量はそれぞれどうなるか。適切なものを次のアからウの中からそれぞれ選べ。

ア　増加する

イ　減少する

ウ　変化しない

問3　水1gの温度を1℃上昇させるのに4.2Jの熱量が必要である。10℃の水50gを40℃にするのに何kJの熱量が必要か。ただし，加えた熱量は温度上昇にのみ用いられるものとする。

［ア］.［イ］kJ

［Ⅱ］ 水（15 cm^3）とエタノール（5 cm^3）の混合物を用意し，図2のような装置を組み立てた。混合物を加熱しながら，フラスコ内の液体と気体の温度を記録し，取り出した液体の性質を調べた。ガラス管から出てきた液体が，約3 cm^{3}溜《た》まったら次の試験管に交換し，同様にして計3本の試験管に集めた。図3中のAとBは加熱中の温度計①と②の温度変化のいずれかを示したものである。下の問4から問6に答えよ。

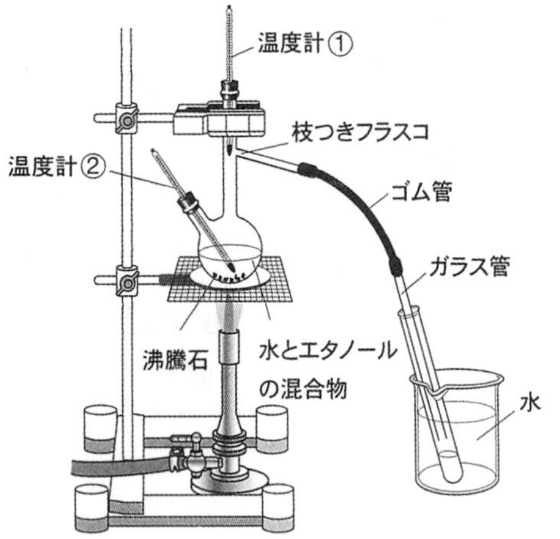

図2

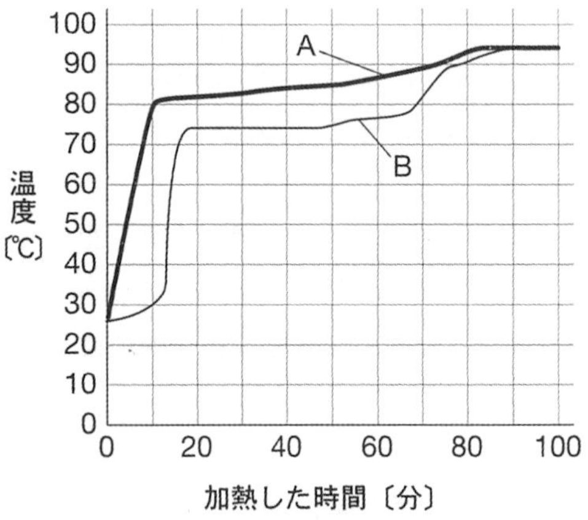

図3

問4　枝つきフラスコに沸騰石を入れた理由として，適切なものを次のアからエの中から選べ。

ア　混合物が沸騰するまでの時間を短縮させるため。

イ　混合物が沸騰する温度を下げるため。

ウ　混合物が沸騰するのを防ぐため。

エ　混合物が突沸《とっぷつ》するのを防ぐため。

問5　温度計①の温度変化を表すグラフは，図3のAとBのどちらか。また，混合物の沸騰が始まる最も適当な加熱時間は，10分，40分，70分のどれか。適切な組み合わせを次のアからカの中から選べ。

	ア	イ	ウ	エ	オ	カ
温度計①のグラフ	A	A	A	B	B	B
沸騰が始まる加熱時間〔分〕	10	40	70	10	40	70

問6　試験管に集めた液体に関する記述のうち，誤っているものを次のアからエの中から選べ。

ア　3本の試験管に集めた液体の色は，いずれも無色透明であった。

イ　1本目の試験管の液体にマッチの火をつけると燃えた。

ウ　1本目の試験管の液体のにおいをかぐと，においはなかった。

エ　2本目の試験管の液体は，エタノールと水の両方を含んでいた。

4 ある地表において，気温 35 ℃で，1 m^3 あたりに含まれる水蒸気の質量が 30 g の空気の塊《かたまり》（以後，空気塊《くうきかい》Ａと呼ぶ）がある。この空気塊Ａについて，次の問１から問５に答えよ。

問１　空気塊Ａの湿度はいくらか。ある地表における飽和水蒸気量を示した図１を参照し，最も近い値《あたい》を次のアからエの中から選べ。

ア　30％　　　イ　35％

ウ　75％　　　エ　87％

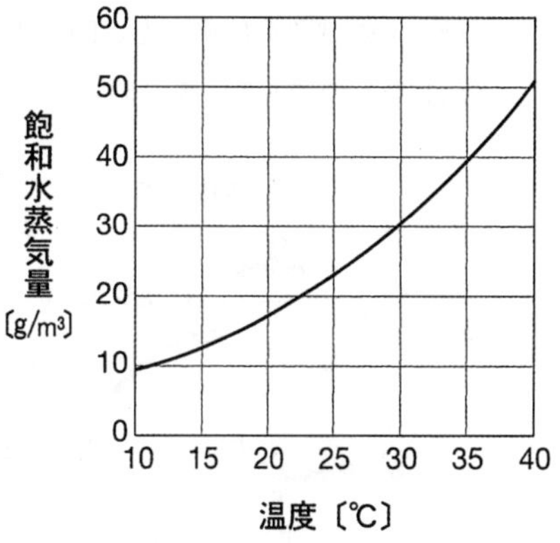

図１

問２　空気塊Ａが上昇し，雲が生じた。この過程で湿度はどうなるか。次のアからウの中から選べ。ただし，空気塊Ａは周囲の空気と混じらずに上昇したとする。

ア　下がる　　イ　上がる　　ウ　変わらない

問３　空気塊Ａが上昇し，ある高度（地表からの高さ）で雲が生じた。この高度として最も適当なものを，次のアからエの中から選べ。ただし，上昇した空気塊Ａの温度は，雲が発生するまでは図２のように変化し，上昇に伴う空気塊Ａの膨張の影響は無視してよいものとする。

ア　900 m　　　イ　1500 m

ウ　2300 m　　　エ　2800 m

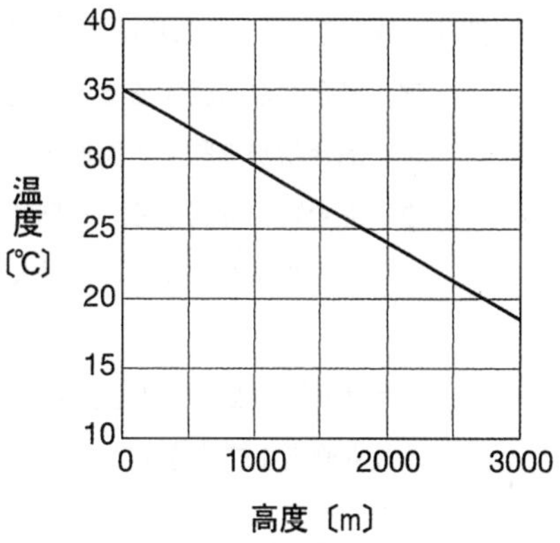

図２

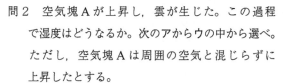

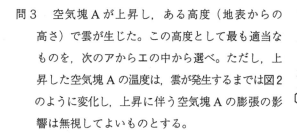

令和３年度入学者選抜学力検査問題

社　　会

(50分)

(配　点)	1　16点	2　12点	3　8点	4　12点
	5　12点	6　12点	7　12点	8　16点

(注 意 事《じ》 項《こう》)

1　問題冊子は指示があるまで開かないこと。

2　問題冊子は１ページから14ページまである。検査開始の合図のあとで確かめること。

3　検査中に問題冊子の印刷不鮮明，ページの落丁・乱丁及び解答用紙の汚れ等に気づいた場合は，静かに手を高く挙げて監督《かんとく》者に知らせること。

4　解答用紙に氏名と受検番号を記入し，受検番号と一致《いっち》したマーク部分を塗《ぬ》りつぶすこと。受検番号が「0（ゼロ）」から始まる場合は，0（ゼロ）を塗りつぶすこと。

5　解答には，必ずＨＢの黒鉛筆を使用すること。なお，解答用紙に必要事項が正しく記入されていない場合，または解答用紙に記載してある「マーク部分塗りつぶしの見本」のとおりにマーク部分が塗りつぶされていない場合は，解答が無効になることがある。

6　一つの解答欄《らん》に対して複数のマーク部分を塗りつぶしている場合，または指定された解答欄以外のマーク部分を塗りつぶしている場合は，有効な解答にはならない。

7　解答を訂正《ていせい》するときは，きれいに消して，消しくずを残さないこと。

8「正しいものを二つ選べ」など，一つの問題で複数の解答を求められる場合は，一つの解答欄につき選択肢を一つだけ塗りつぶすこと。

例　「ウ」，「オ」を塗りつぶす場合

問１	㋐	㋑	●	㋓	㋔	㋕
	㋐	㋑	㋒	㋓	●	㋕

この場合，「ウ」，「オ」の順番は関係ない。

1 次の図中のいからにには，日本を出発する世界一周旅行で訪問した4か国について示している。問1から問4までの各問いに答えよ。なお，図中の○はそれぞれの国の首都の位置を示している。

図

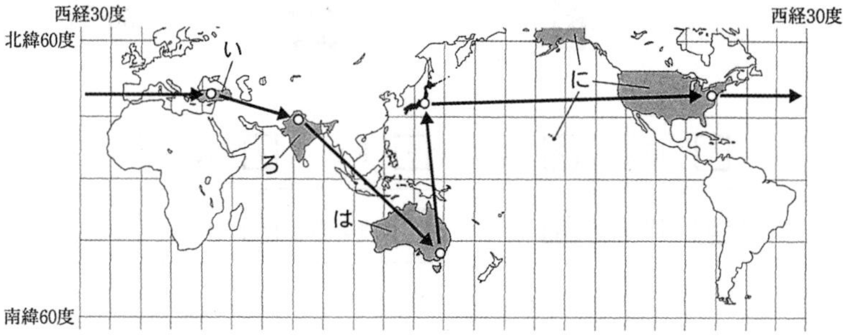

※経線と緯線《いせん》が直角に交わる地図である。経線は15度間隔《かんかく》，緯線は30度間隔で引いている。

問1　次のAからDの紀行文は，図中のいからにのいずれかの国について記したものである。紀行文と図中で示した国の組み合わせとして正しいものを，下のアからエのうちから一つ選べ。

紀行文

A　この国では，西部に標高3000 mを超える造山帯の山脈があり，中部には平原が広がっている。中部では，とうもろこしや大豆の畑が多く，コンバインなどの機械を使った大規模な農場があった。とくに，円形の農地が並び，回転式のスプリンクラーで散水する風景には驚いた。

B　この国では，東洋と西洋の文化が融合《ゆうごう》しており，米だけでなく小麦を用いた料理もある。また，モスク（イスラム寺院・礼拝《れいはい》所）があるので，調べてみるとイスラム教徒の多い国だと分かった。

C　イギリスの植民地であったため，街中にはヨーロッパ風の建築物を見かけた。12月だというのに，気温が高い。農場で羊を多く見かけたので，調べてみると羊毛生産が盛《さか》んな国だった。また，鉄鉱石や石炭などの資源も豊富で，これらは日本や中国にも多く輸出されている。

D　この国では東西で降水量が異なっている。東部にある大河川の河口部では米を栽培《さいばい》する水田が多く，西部では米だけでなく小麦を主に栽培していた。また，降水量の多い北東部では，茶栽培が有名で海外にも輸出されている。

ア　A－い　　イ　B－ろ　　ウ　C－は　　エ　D－に

問2　この世界一周旅行では，日本時間12月24日14時発の飛行機で日本を出発した。飛行機で14時間後，図中のにの国の首都にある空港へ着陸した。着陸後の機内放送で案内された現地時間として最も適当なものを，次のアからエのうちから一つ選べ。

ア　12月24日4時　　イ　12月24日14時　　ウ　12月25日4時　　エ　12月25日14時

問3　次の表1は国別の家畜《かちく》頭数と畜産《ちくさん》物の生産数を示している。表1中のアからエには，図中のいからにのいずれかの国が当てはまる。下の解説文を参考にして，図中のろの国に当てはまるものを，表1中のアからエのうちから一つ選べ。

表1　国別の家畜頭数と畜産物の生産数(2018年)

	家畜頭数※（頭）			畜産物の生産数※※（頭）		
	牛	豚	羊	牛肉	豚肉	羊肉
ア	26395734	2534030	70067316	7913300	5378100	31828400
イ	184464035	8485240	61666343	9202631	8461298	19154944
ウ	94298000	74550200	5265000	33703400	124512300	2357200
エ	15943586	1361	33677636	3426180	0	22627714

※家畜頭数とは，国内で飼育される家畜の総数を示している。

※※畜産物の生産数は，国内で食肉となった家畜頭数を示している。

（『FAOSAT/Production』をもとに作成）

解説文

家畜頭数や畜産物の生産数は自然環境だけでなく，それぞれの国の宗教の影響を受ける場合もある。例えば，イスラム教では不浄《ふじょう》なものとして豚を食することが禁じられている。一方で，ヒンドゥー教では牛を神聖な存在とみており，牛肉を食べることを避《さ》けている。

問4　次の表2と表3は，国別の移動電話契約《けいやく》数と国別の在留日本人総数をそれぞれ示している。表2と表3中のWからZは，図中のいからにのいずれかの国が当てはまる。表2と表3中のZに当てはまる国を，下のアからエのうちから一つ選べ。

表2　国別の移動電話契約数※

	2000年		2017年	
	総数（千件）	100人あたり（件）	総数（千件）	100人あたり（件）
W	16133	25.5	77800	96.4
X	3577	0.3	1168902	87.3
Y	109478	38.8	391600	120.7
Z	8562	44.9	27553	112.7

表3　国別の在留日本人総数※※

	在留日本人総数（人）	
	2000年	2017年
W	1030	1791
X	2035	9197
Y	297968	426206
Z	38427	97223

※移動電話とは，携帯《けいたい》電話・スマートフォンなどの一般の電話網の技術を用いた電話を指す。

※※在留日本人総数には，それぞれの国における日本人の永住者，長期滞在《たいざい》者を含《ふく》む。

（『世界国勢図会《ずえ》 2019/20年版』，『海外在留邦人《ほうじん》数調査統計（外務省）』より作成）

ア　い　　イ　ろ　　ウ　は　　エ　に

2 次ページの図と表を見て，問１から問３までの各問いに答えよ。

問１　図１の①から④は，日本の４つの主な河川の本流の流路を示している。また，それぞれの河川の拡大図には，その河口の位置と本流が流れる県を示している。また，図２は，①から④の河川の河口のいずれかの地点の雨温図である。雨温図の地点として正しいものを，次のアからエのうちから一つ選べ。

ア　①の河口　　　イ　②の河口　　　ウ　③の河口　　　エ　④の河口

問２　表１のⅠからⅢは，日本なし，りんご，いちごのいずれかであり，ⅠからⅢの作物の生産量の上位５県を示した。表１のⅠからⅢの作物の組み合わせとして正しいものを，次のアからカのうちから一つ選べ。なお表１では，①から④の本流が流れる県がⅠからⅢの作物の生産量の上位５県に入っている場合には，県名ではなく①から④の河川の番号で示してある。ただし，複数の①から④の河川の本流が流れる県が生産量の上位５県に入っている場合は，同一の番号が表１に重複して書かれている場合がある。

	ア	イ	ウ	エ	オ	カ
Ⅰ	日本なし	日本なし	りんご	りんご	いちご	いちご
Ⅱ	りんご	いちご	日本なし	いちご	日本なし	りんご
Ⅲ	いちご	りんご	いちご	日本なし	りんご	日本なし

問３　表２は，図１のＡからＤまでの港もしくは空港の輸入品目上位５品目と総輸入金額に占《し》める割合および総輸入金額を示している。表２のＸからＺは，石油，集積回路，魚介類のいずれかである。ＸからＺの品目の組み合わせとして正しいものを，次のアからカのうちから一つ選べ。なお，集積回路とは，半導体の表面に微細かつ複雑な電子回路を組み込んだ電子部品である。また，魚介類には，かんづめを含む。

	ア	イ	ウ	エ	オ	カ
Ｘ	石油	石油	集積回路	集積回路	魚介類	魚介類
Ｙ	集積回路	魚介類	石油	魚介類	石油	集積回路
Ｚ	魚介類	集積回路	魚介類	石油	集積回路	石油

図１　日本の４つの主な河川の本流流路と港と空港

（●は港，▲は空港）

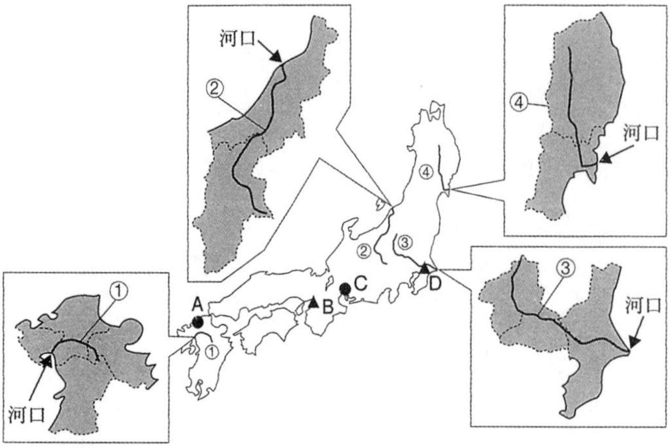

※　　　　　で示した拡大図の縮尺は，すべて同じである。

図２　雨温図

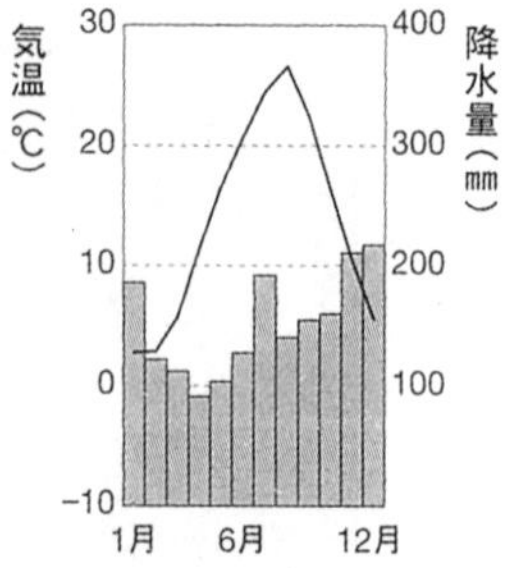

（気象庁資料より作成，
統計期間 1981 ～ 2010 年）

表１　日本なし，りんご，いちごの生産量上位５県

	1位	2位	3位	4位	5位
Ⅰ	栃木《とちぎ》県	①	①	静岡《しずおか》県	長崎《ながさき》県
Ⅱ	③	③	栃木県	福島県	鳥取県
Ⅲ	青森県	②	④	山形県	福島県

（『日本国勢図会《ずえ》 2020/ 21 年版』より作成）

表２　A，B，C，D 港の輸入品目上位５品目と総輸入金額に占める割合（%）および総輸入金額（億円）

	1位	2位	3位	4位	5位	総輸入金額
A	X（7.5）	家具（5.5）	絶縁電線・ケーブル（5.1）	衣類（5.1）	肉類（4.1）	10465
B	医薬品（23.2）	通信機（14.2）	Y（6.2）	科学光学機器（4.8）	衣類（2.9）	39695
C	液化ガス（8.4）	Z（7.8）	衣類（7.1）	絶縁電線・ケーブル（5.1）	アルミニウム（4.5）	50849
D	半導体製造装置（13.7）	医薬品（12.3）	コンピュータ（8.8）	Y（8.4）	科学光学機器（6.4）	129560

※絶縁《ぜつえん》電線・ケーブルとは，電線・ケーブルを絶縁《ぜつえん》体で覆《おお》ったもので，電気機器に分類される。

科学光学機器とは，望遠鏡（双眼鏡），顕微鏡《けんびきょう》，カメラ，内視鏡，液晶《えきしょう》画面用偏光板《へんこうばん》フィルム等である。

液化ガスとは，液化天然ガス，液化石油ガス等である。

（『日本国勢図会 2020/ 21 年版』より作成）

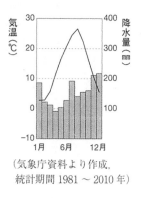

3 問1，問2に答えよ。

問1 次の2万5000分の1地形図から読み取ることができる内容として正しいものを，下のアからカのうちから一つ選べ。

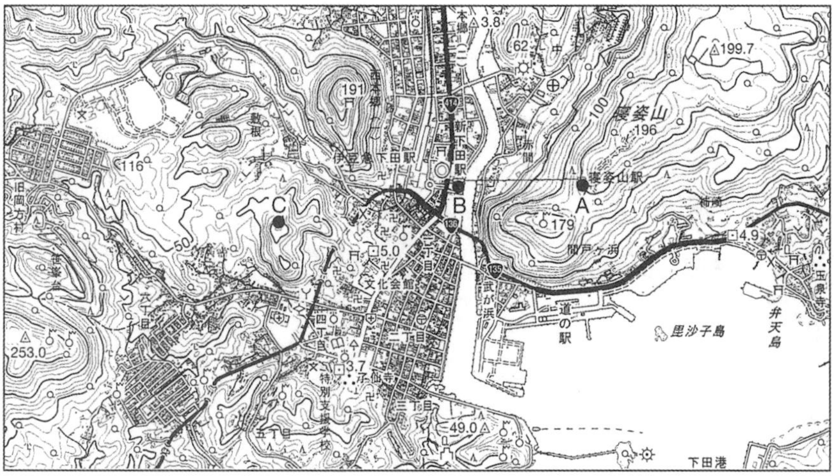

※読み取りやすくするために，地図記号や数値などの表記の大きさを変更《へんこう》してある。

（国土地理院発行　電子地形図25000「下田」に加筆修正）

ア　A地点の北側の斜面には，果樹園が広がっている。

イ　A地点とB地点の標高差は，200 m以上ある。

ウ　A地点から16方位で南南東の方角にある島には，工場がある。

エ　B地点から16方位で南西の方角にある裁判所の西隣《にしどなり》には，博物館・美術館がある。

オ　C地点の標高は，A地点の標高より高い。

カ　C地点から16方位で南南東の方角には，消防署がある。

問2 太郎さんは，週末に市内の公園のなかにある池の周囲のランニングコースを走っている。その池の形は完全な円形をしている。ランニングコースは池の外周に沿うように円形に設けられており，起伏はない。太郎さんが，2万5000分の1地形図で池の直径を計測したところ，8 cmであった。実際のランニングコース1周のおおよその距離《きょり》と池のおおよその面積の組み合わせとして最も適当なものを，次のアからカのうちから一つ選べ。なお，円周率は3.14を用いるものとする。

	ア	イ	ウ	エ	オ	カ
ランニングコース1周の距離（単位：km）	約3.14	約3.14	約6.28	約6.28	約12.56	約12.56
池の面積（単位：km²）	約3.14	約12.56	約3.14	約12.56	約3.14	約12.56

4 中世に出された次の法令を読んで，問1から問3までの各問いに答えよ。なお，この法令は現代語に訳し，一部を変えたり省略したりしてある。

> 一，諸国の守護の職務は，京都・鎌倉《かまくら》の警護を御家人《ごけにん》に命じることと，謀反《むほん》人や殺人犯などを取り締まることなので，それ以外はしてはならない。
> 一，国司や荘園《しょうえん》領主の裁判に幕府が口出ししてはならない。
> 一，地頭は，荘園の年貢《ねんぐ》を差しおさえてはならない。
> 一，武士が20年の間，実際に土地を支配しているならば，その権利を認める。
> 一，女性が養子に所領を譲《ゆず》ることは，律令《りつりょう》では許されていないが，武家の慣習として多く行われているので認める。

問1　この法令に関連する説明として正しいものを，次のアからエのうちから一つ選べ。

ア　この法令が出されたのち，幕府は京都に六波羅探題《ろくはらたんだい》を置き，朝廷《ちょうてい》を監視《かんし》するようになった。

イ　この法令は御家人のためにつくられたものなので，朝廷の決まりや律令を改めるものではない。

ウ　この法令によって，武士が許可なく城を修理したり，無断で縁組したりすることを禁じた。

エ　この法令によって，国ごとに守護を置くことがはじめて認められた。

問2　法令中の下線部に関連する説明として正しいものを，次のアからエのうちから一つ選べ。

ア　地頭の職務は，御家人を取り締まることである。

イ　地頭は，新田開発を奨励《しょうれい》し，備中ぐわや千歯こきなどを普及させて生産力の向上に努めた。

ウ　鎌倉時代の武家社会では，女性が地頭になることも認められた。

エ　紀伊国阿氐《きいのくにあて》（弖）河荘《がわのしょう》では，農民たちが団結して荘園領主の横暴をやめさせるよう地頭に訴《うった》えた。

問3　次の①から⑤は，中世の人物に関する説明文である。年代の古い順に並べ直したとき，3番目にくる人物と関係が深い寺社を，下のアからオのうちから一つ選べ。

①　11世紀後半に起きた合戦ののちに東北地方で力をのばし，平泉《ひらいずみ》に拠点をおいた。

②　この人物のあとつぎをめぐって，応仁《おうにん》の乱が起こった。

③　後白河上皇の院政を助け，武士として初めて太政大臣《だいじょうだいじん》に就任した。

④　明《みん》との間に国交を結び，朝貢《ちょうこう》の形で勘合《かんごう》貿易をはじめた。

⑤　岐阜《ぎふ》や安土《あづち》の城下町で楽市・楽座を行い，自由な商工業の発展をはかった。

ア　鹿苑寺《ろくおんじ》　　イ　本能寺《ほんのうじ》　　ウ　厳島神社《いつくしまじんじゃ》　　エ　中尊寺《ちゅうそんじ》　　オ　慈照寺《じしょうじ》

5　次の文章を読み，問１から問３までの各問いに答えよ。

日本列島に勢力を拡大したヤマト政権は，中国の律令《りつりょう》制度を取り入れて701年には大宝律令を完成させ，(1)律令に基づいて政治を行う中央集権の国家を作りあげた。令によって，政治のきまりとすすめ方が定められ，人々には口分田を与えて，(2)税を納めさせる仕組みができあがった。710年には大宝律令に対応した新しい都として平城京がつくられた。平城京を中心に政治が行われた約80年間を(3)奈良《なら》時代とよぶ。

問１　下線部(1)に関して，日本の律令で定められた内容として正しいものを，次のアからオのうちから二つ選べ。なお，解答の順番は問わないこととする。

ア　政治の方針を決める太政官《だいじょうかん》の下《もと》に，さまざまな実務を担当する八つの省を置いた。

イ　ものさしやますを統一して，田畑の等級や面積を調べて検地帳を作成した。

ウ　冠位《かんい》十二階の制を定めて，家柄《いえがら》にとらわれずに能力のある人を取り立てた。

エ　国ごとに中央から国司が派遣《はけん》され，地方の豪族《ごうぞく》から任じた郡司を指揮して地方を治めた。

オ　農民を５戸ずつにまとめて五人組をつくらせ，犯罪防止や年貢《ねんぐ》納入に連帯責任を負わせた。

問２　下線部(2)に関して，次の表のＡからＤには，下の①から④のいずれかが入る。ＢとＣの組み合わせとして正しいものを，後のアからクのうちから一つ選べ。

税の種類	租	調	庸《よう》	雑徭《ぞうよう》
税の内容（正丁《せいてい》ひとり分）	A	B	C	D

※　正丁＝21～60歳の男性

①　絹・布（麻布《あさぬの》）や海産物などの特産物を納める。

②　年間60日以内の地方での労役《ろうえき》につく。

③　稲《いね》の収穫《しゅうかく》の約3%を納める。

④　労役の代わりに布（麻布）を納める。

ア　Ｂ－①　Ｃ－②　　イ　Ｂ－①　Ｃ－④　　ウ　Ｂ－②　Ｃ－③

エ　Ｂ－②　Ｃ－①　　オ　Ｂ－③　Ｃ－④　　カ　Ｂ－③　Ｃ－②

キ　Ｂ－④　Ｃ－①　　ク　Ｂ－④　Ｃ－③

語

※100点満点

㋒	㋓
㋒	㋓
㋒	㋓
㋒	㋓
㋒	㋓
㋒	㋓

㋒	㋓
㋒	㋓
㋒	㋓
㋒	㋓
㋒	㋓
㋒	㋓
㋒	㋓
㋒	㋓
㋒	㋓

㋒	㋓
㋒	㋓
㋒	㋓
Ⓒ	Ⓓ
㋒	㋓
㋒	㋓
㋒	㋓
㋒	㋓
㋒	㋓

4	問1	A	㋐	㋑	㋒	㋓
		B	㋐	㋑	㋒	㋓
	問２		㋐	㋑	㋒	㋓
	問３		㋐	㋑	㋒	㋓
	問４		㋐	㋑	㋒	㋓
	問５		㋐	㋑	㋒	㋓
	問６		㋐	㋑	㋒	㋓
	問７		㋐	㋑	㋒	㋓

1 ２点×６
2 問１…２点×２　問２～６・８…４点×６　問７…３点
3 問１…２点×３　問２…３点　問３～７…４点×５
4 問１…２点×２　問２～７…４点×６

数学

※100点満点

欄

(1)	ア	⊖	0	1	2	3	4	5	6	7	8	9
	イ	⊖	0	1	2	3	4	5	6	7	8	9
(2)	ウ	⊖	0	1	2	3	4	5	6	7	8	9
	エ	⊖	0	1	2	3	4	5	6	7	8	9
	オ	⊖	0	1	2	3	4	5	6	7	8	9
	カ	⊖	0	1	2	3	4	5	6	7	8	9
	キ	⊖	0	1	2	3	4	5	6	7	8	9
(3)	ク	⊖	0	1	2	3	4	5	6	7	8	9
	ケ	⊖	0	1	2	3	4	5	6	7	8	9
(4)	コ	⊖	0	1	2	3	4	5	6	7	8	9
	サ	⊖	0	1	2	3	4	5	6	7	8	9
	シ	⊖	0	1	2	3	4	5	6	7	8	9
(5)	ス	⊖	0	1	2	3	4	5	6	7	8	9
	セ	⊖	0	1	2	3	4	5	6	7	8	9
(6)	ソ	⊖	0	1	2	3	4	5	6	7	8	9
	タ	⊖	0	1	2	3	4	5	6	7	8	9
	チ	⊖	0	1	2	3	4	5	6	7	8	9
(7)	ツ	⊖	0	1	2	3	4	5	6	7	8	9
	テ	⊖	0	1	2	3	4	5	6	7	8	9
	ト	⊖	0	1	2	3	4	5	6	7	8	9
(8)	ナ	⊖	0	1	2	3	4	5	6	7	8	9

1 (1)〜(3)・(5)・(7)・(8)…５点×６　(4)（コ）…２点（サ）・（シ）…完答３点
(6)（ソ）…２点（タ）・（チ）…完答３点

解答欄は，第２面に続きます。

解　答　欄

2	(1)	ア	⊖	0	1	2	3	4	5	6	7	8	9
		イ	⊖	0	1	2	3	4	5	6	7	8	9
		ウ	⊖	0	1	2	3	4	5	6	7	8	9
		エ	⊖	0	1	2	3	4	5	6	7	8	9
		オ	⊖	0	1	2	3	4	5	6	7	8	9
	(2)	カ	⊖	0	1	2	3	4	5	6	7	8	9
		キ	⊖	0	1	2	3	4	5	6	7	8	9
		ク	⊖	0	1	2	3	4	5	6	7	8	9
		ケ	⊖	0	1	2	3	4	5	6	7	8	9
		コ	⊖	0	1	2	3	4	5	6	7	8	9
	(3)	サ	⊖	0	1	2	3	4	5	6	7	8	9
		シ	⊖	0	1	2	3	4	5	6	7	8	9

2 (1)…２点×３　(2)(カ)・(キ)…完答２点　(ク)・(ケ)…完答２点　(コ)…４点　(3)…６点
3 (1)…３点×３　(2)(コ)～(ス)…完答３点　(セ)～(タ)…完答４点　(チ)～(ト)…完答４点
4 (1)…４点　(2)４点　(3)３点×２　(4)６点

英語

第１面

※100点満点

㋑	㋒	㋓
㋑	㋒	㋓
㋑	㋒	㋓
㋑	㋒	㋓
㋑	㋒	㋓

㋑	㋒	㋓
㋑	㋒	㋓
㋑	㋒	㋓
㋑	㋒	㋓
㋑	㋒	㋓

㋑	㋒	㋓		
㋑	㋒	㋓		
㋑	㋒	㋓		
㋑	㋒	㋓		
㋑	㋒	㋓		
㋑	㋒	㋓		
㋑	㋒	㋓	㋔	㋕
㋑	㋒	㋓	㋔	㋕

4	1	3番目	㋐	㋑	㋒	㋓	㋔	㋕
		5番目	㋐	㋑	㋒	㋓	㋔	㋕
	2	3番目	㋐	㋑	㋒	㋓	㋔	㋕
		5番目	㋐	㋑	㋒	㋓	㋔	㋕
	3	3番目	㋐	㋑	㋒	㋓	㋔	㋕
		5番目	㋐	㋑	㋒	㋓	㋔	㋕
	4	3番目	㋐	㋑	㋒	㋓	㋔	㋕
		5番目	㋐	㋑	㋒	㋓	㋔	㋕
	5	3番目	㋐	㋑	㋒	㋓	㋔	㋕
		5番目	㋐	㋑	㋒	㋓	㋔	㋕

5	1	㋐	㋑	㋒	㋓
	2	㋐	㋑	㋒	㋓
	3	㋐	㋑	㋒	㋓
	4	㋐	㋑	㋒	㋓
	5	㋐	㋑	㋒	㋓

6	問１	㋐	㋑	㋒
	問２	㋐	㋑	㋒
	問３	㋐	㋑	㋒
	問４	㋐	㋑	㋒
	問５	㋐	㋑	㋒
	問６	㋐	㋑	㋒
	問７	㋐	㋑	㋒

1	２点×５
2	３点×５
3	３点×８
4	３点×５
5	３点×５
6	３点×７

※100点満点

答　欄

問１		㋐	㋑	㋒	㋓	㋔				
		㋐	㋑	㋒	㋓	㋔				
問２		㋐	㋑	㋒	㋓	㋔	㋕	㋖	㋗	
問３		㋐	㋑	㋒	㋓					

問１		㋐	㋑	㋒	㋓					
問２	1	㋐	㋑	㋒	㋓					
	2	㋐	㋑	㋒	㋓					
問３	１番目	ⓐ	ⓑ	ⓒ	ⓓ	ⓔ	ⓕ	ⓖ	ⓗ	
	２番目	ⓐ	ⓑ	ⓒ	ⓓ	ⓔ	ⓕ	ⓖ	ⓗ	
	３番目	ⓐ	ⓑ	ⓒ	ⓓ	ⓔ	ⓕ	ⓖ	ⓗ	
	４番目	ⓐ	ⓑ	ⓒ	ⓓ	ⓔ	ⓕ	ⓖ	ⓗ	
問４		㋐	㋑	㋒	㋓					
問５		㋐	㋑	㋒	㋓	㋔	㋕			
		㋐	㋑	㋒	㋓	㋔	㋕			
		㋐	㋑	㋒	㋓	㋔	㋕			

問１		㋐	㋑	㋒	㋓	㋔	㋕					
		㋐	㋑	㋒	㋓	㋔	㋕					
問２	体積	㋐	㋑	㋒								
	質量	㋐	㋑	㋒								
問３	ア	⓪	①	②	③	④	⑤	⑥	⑦	⑧	⑨	
	イ	⓪	①	②	③	④	⑤	⑥	⑦	⑧	⑨	
問４		㋐	㋑	㋒	㋓							
問５		㋐	㋑	㋒	㋓	㋔	㋕					
問６		㋐	㋑	㋒	㋓							

1 ３点×３
2 ３点×５
3 問１～問３・問５…３点×４　問４・問６…２点×２

解答欄は，第２面に続きます。

5)
】

解　答　欄

4	問 1	㋐　㋑　㋒　㋓
	問 2	㋐　㋑　㋒
	問 3	㋐　㋑　㋒　㋓
	問 4	㋐　㋑　㋒　㋓
	問 5	㋐　㋑　㋒

5	問 1	①	㋐	㋑	㋒	㋓	㋔	㋕	㋖	㋗	㋘	㋙
		②	㋐	㋑	㋒	㋓	㋔	㋕	㋖	㋗	㋘	㋙
		③	㋐	㋑	㋒	㋓	㋔	㋕	㋖	㋗	㋘	㋙
		④	㋐	㋑	㋒	㋓	㋔	㋕	㋖	㋗	㋘	㋙
	問 2	ア	⓪	①	②	③	④	⑤	⑥	⑦	⑧	⑨
		イ	⓪	①	②	③	④	⑤	⑥	⑦	⑧	⑨
		ウ	⓪	①	②	③	④	⑤	⑥	⑦	⑧	⑨
	問 3	ア	⓪	①	②	③	④	⑤	⑥	⑦	⑧	⑨
		イ	⓪	①	②	③	④	⑤	⑥	⑦	⑧	⑨
		ウ	⓪	①	②	③	④	⑤	⑥	⑦	⑧	⑨
		エ	⓪	①	②	③	④	⑤	⑥	⑦	⑧	⑨
		オ	⓪	①	②	③	④	⑤	⑥	⑦	⑧	⑨
	問 4	ア	⓪	①	②	③	④	⑤	⑥	⑦	⑧	⑨
		イ	⓪	①	②	③	④	⑤	⑥	⑦	⑧	⑨
		ウ	⓪	①	②	③	④	⑤	⑥	⑦	⑧	⑨
		エ	⓪	①	②	③	④	⑤	⑥	⑦	⑧	⑨
		オ	⓪	①	②	③	④	⑤	⑥	⑦	⑧	⑨
		カ	⓪	①	②	③	④	⑤	⑥	⑦	⑧	⑨

会

第１面
※100点満点

㋑	㋒	㋓		
㋑	㋒	㋓		
㋑	㋒	㋓		
㋑	㋒	㋓		

㋑	㋒	㋓		
㋑	㋒	㋓	㋔	㋕
㋑	㋒	㋓	㋔	㋕

㋑	㋒	㋓	㋔	㋕
㋑	㋒	㋓	㋔	㋕

㋑	㋒	㋓	
㋑	㋒	㋓	
㋑	㋒	㋓	㋔

㋑	㋒	㋓	㋔	
㋑	㋒	㋓	㋔	
㋑ ㋗	㋒	㋓	㋔	㋕
㋑	㋒	㋓		

㋑	㋒	㋓	㋔	㋕
㋑	㋒	㋓		
㋑	㋒	㋓		

7	問１	㋐ ㋑ ㋒ ㋓
	問２	㋐ ㋑ ㋒ ㋓
	問３	㋐ ㋑ ㋒ ㋓

8	問１	㋐ ㋑ ㋒ ㋓
	問２	㋐ ㋑ ㋒ ㋓
	問３	㋐ ㋑ ㋒ ㋓
	問４	㋐ ㋑ ㋒ ㋓ ㋔ ㋕ ㋖ ㋗

1 ４点×４
2 ４点×３
3 ４点×２
4 ４点×３
5 ４点×３
6 ４点×３
7 ４点×３
8 ４点×４

令和 3 年度

国立 高等専門学校

KOSEN

解答と解説

教英出版

国語解答

1　(1)イ　(2)エ　(3)イ　(4)ア　(5)エ　(6)ウ

2　問１．A．ウ　B．ア　問２．ウ　問３．エ　問４．イ　問５．イ　問６．エ　問７．ア　問８．エ

3　問１．a．エ　b．ア　c．ウ　問２．D　問３．ウ　問４．ア　問５．ウ　問６．イ　問７．エ

4　問１．A．ア　B．ウ　問２．イ　問３．エ　問４．ウ　問５．イ　問６．ア　問７．ウ

国語解説

2　**問２**　次の行の「その尚白《しょうはく》の非難というのは」の後に、批判した内容が書かれている。尚白は、芭蕉《ばしょう》の句について、「『行く春』『近江』とあるのを他のことばに置き換えて」も「一句として成立するじゃないか」と批判した。よって、ウが適する。

問３　去来は、尚白の非難は「見当違い」だと答えた上で「湖水朦朧《もうろう》として」と続けている。この言葉について、２段落後で「芭蕉たちは湖の景色に接するとき、いつもこの詩(＝蘇東坡《そとうば》の『西湖』の詩)を思い浮かべて西湖に思いを馳《は》せ」ていたことを説明し、「去来が『湖水朦朧として』と言ったのも、そうした湖に寄せる共通の詩情にもとづき、そこに、蘇東坡によって『山色朦朧』とよまれた西湖のおもかげを重ね合わせてのことにほかならなかったといっていいでしょう」と述べている。つまり、芭蕉の句には蘇東坡の「西湖」の詩のおもかげが重ね合わせてあり、この句を批判した尚白はそのことを考慮していないと、去来は考えているのである。よって、エが適する。

問４　比するは、比べる、照らし合わせるという意味。直前の「西湖の晴雨ともに美しい景色を」から考える。西湖の美しい景色を、「美人西施《せいし》のおもかげ」に重ね合わせて見ているので、イが適する。

問５　直後の一文に、「つまり、これは今日の芭蕉先生の現実の体験の上にもとづき、実際の景色に臨んでの作品ですから」とある。去来は傍線部(4)の部分で、芭蕉の句は「現実の体験」にもとづき、「実際の景色」を見ながら作った作品だと言っているのである。よって、イが適する。

問６　２行後で、「昔の歌人たちも、この近江の国の春光を愛惜《あいせき》したことは、彼らが都の春を愛惜したのにけっして劣らないくらい深かったことだ」と、傍線部(5)の内容を説明している。つまり、芭蕉は、「古人」が近江の国の春を惜しむ気持ちと、都の春を惜しむ気持ちを比べて、どちらも同じくらい深かったと言っているのである。よって、エが適する。

問７　傍線部(6)の「れ」は尊敬の意味を表す助動詞。ここでは、去来が芭蕉に対して敬意を表している。アは「先生」に対して敬意を表しているので、尊敬の意味。よって、アが適する。イは自発、ウとエは受け身の意味。

問８　芭蕉の句には、蘇東坡の「西湖」の詩のおもかげが重ね合わせてある。また、「これは今日の芭蕉先生の現実の体験の上にもとづき、実際の景色に臨んでの作品ですから」とあるように、芭蕉の句は自身の体験に基づくものである。そして芭蕉が言うように、近江の春を惜しむ思いは昔の歌人たちも持っていて、芭蕉の句は伝統的な詩情とつながっていると言える。よって、エが適する。

3　**問１a**　前の段落で説明した「系」について、直後で具体例を挙げて説明している。よって、後に具体例がくることを表す、エの「たとえば」が適する。　**b**　前の行に「もちろん」とあることに着目する。「もちろん」に続

く部分の内容をいったん認めつつも、 b の後で著者が本当に主張したいことを述べている。よって、逆接の接続詞であるアの「しかし」が適する。　**c**　直後の内容が、直前の内容を別の言葉で説明したものになっている。よって、後に言い換えがくることを表す、ウの「すなわち」が適する。

問2　抜けている一文の内容から、この一文の前では「生物種の中には絶滅するものも出てくる」という事態を招く状況が説明されていると考えられる。(　D　)の前に書かれている「定常状態が著しく乱され、物質循環《じゅんかん》の状態が激変する」という状況は、生物種の絶滅につながる可能性が高い。よって、Dが適する。

問3　最初の２段落の内容から読み取る。「地上あるいは河川・海洋から蒸発した水は、再び雨となって地上に戻る」とあるように、物質は形を変えながら移動する。また、２段落目に書かれている移動は地球という領域内で起きているものである。よって、ウが適する。

問4　前の段落の内容から、「定常状態」とは、「一つの系への物質の流入・流出が一定になり、系のなかの循環がバランスの取れた状態に」なっていることだとわかる。ここでは、地球環境という系を考えているので、「全く異なった定常状態」とは、以前とは全く異なる環境になったが、地球全体の物質循環のバランスが取れている状態のことである。全く異なる環境になったというのは、自然環境や生物の生息状況も大きく変化したということ。よって、アが適する。

問5　傍線部(3)は、直前の３文の内容をまとめたものである。地球という系は、物質の流出入はないものの、太陽からのエネルギーを受け取ったり、熱を排出したりしているため、エネルギーの流出入はある。また、自転によって物質の動きは常に変動の作用を受けている。よって、これらをまとめたウが適する。

問6　ホメオスタシスや恒常《こうじょう》性は、「常にある種の定常状態を取り戻そうとする」性質のこと。前の段落にあるように、これまでは「生物と無生物が安定的な相互関係を結んで」「恒常性を取り戻そうとし」、「生物にとって自然環境は激変することはなく、地球は生物にとって住みやすい場所であり続けた」。しかし、この状態が「未来永劫《えいごう》」続くとは限らないということ。よって、イが適する。

問7　最後の段落にあるように、「今から六五〇〇万年前の隕石の衝突によって地球の環境は激変した」。その結果、物質循環の状態が大きく変わり、「恐竜の時代が終焉《しゅうえん》した」。筆者が傍線部(5)のように主張する理由は、「人類は隕石の衝突に匹敵するような環境の変化を地球にもたらしているのかもしれない」からである。つまり、人類は、環境の変化を自ら引き起こし、物質循環の状態を激変させるのかもしれない。すると地球という系は元の定常状態を保てなくなり、人類絶滅の危機を招くかもしれないのである。よって、エが適する。

4　**問2**　傍線部(1)の「同じこと」が指す内容は、「良い職人が削ったさじは軽くて美しい。手に持ったときのバランスが気持ちいい」「そのさじで食事をすると軽やかでな。天上の食べものを口にしている気分になる」というもの。よって、イが適する。

問3　祖父に「美緒《みお》は音楽が好きなんだな」と言われた美緒は、「あらためて考えると、合唱はそれほど好きでもなかった」と気付き、「合唱部はみんな仲が良さそうに見えたから、その輪に入っていると安心できただけだ」と感じている。つまり、合唱が好きだという動機や気持ちもなく、ただ漫然と合唱部にいたことに気付き、自己嫌悪に陥っている。よって、エが適する。

問4　傍線部(3)の前後に「自分の性分《しょうぶん》について考えるのは良いことだが、悪いところばかりを見るのは、汚毛のフンばかり見るのと同じことだ」「その性分を活かす方向を考えたらどうだ？」「悪い所ばかり見ていないで、自分の良い点も探してみたらどうだ？」とある。祖父は、自分を見つめ直す作業を、汚毛を洗う作業にたとえている。汚毛を洗う作業に、好きなところを見出したのと同様に、自身の性分をよく見つめて考え直し、良い点を探しては

どうかとアドバイスをしている。よって、ウが適する。

問５　祖父は、「良い職人が削ったさじ」について、「そのさじで食事をすると軽やかでな。天上の食べものを口にしている気分になる」と言っている。良いものを使うと喜びを感じられると考えている祖父は、「自分の良い点」を探そうとせず、自分が何が好きかをよくわかっていない美緒に対して、好きなものを求めて使う喜びを体感させようとしている。よって、イが適する。

問６　２行前に「ほめられているような眼差《まなざ》しに心が弾み」とある。これは、ほめられているように感じてうれしくなったということ。よって、アが適する。

問７　美緒は、学校に行けなくなっていて、「学校に行こうとすると腹を壊す。それほどの繊細さがある」とあるように、敏感で悩みを抱えている。祖父は「毛織物の工房を営んで」いることから、ものづくりの世界で生きてきたと考えられる。祖父は長年こつこつ集めてきたさじについて話をし、美緒に気に入ったさじを選んで使うように言った。美緒は最初は戸惑っていたが、さじを選び始めてしばらくすると、しだいに興味がわいてきた。このように、祖父の言葉に触れて、少しずつ美緒が変わっていく様子が描かれている。よって、ウが適する。

数学解答

1　(1)ア．−　イ．6　(2)ウ．−　エ．4　オ．3　カ．2　キ．2　(3)ク．1　ケ．2
(4)コ．2　サ．1　シ．3　(5)ス．1　セ．0　(6)ソ．2　タ．1　チ．7
(7)ツ．1　テ．3　ト．0　(8)ナ．7

2　(1)ア．8　イ．1　ウ．7　エ．8　オ．7　(2)カ．7　キ．4　ク．7　ケ．3　コ．6
(3)サ．1　シ．8

3　(1)ア．7　イ．0　ウ．3　エ．5　オ．0　カ．0　キ．2　ク．5　ケ．2
(2)コ．1　サ．7　シ．1　ス．5　セ．2　ソ．1　タ．0　チ．9　ツ．4　テ．8　ト．5

4　(1)ア．4　イ．5　(2)ウ．2　エ．2　オ．5　(3)カ．6　キ．7　ク．5　ケ．4　(4)コ．4

数学解説

1　(1)　与式$=-4\times\frac{5}{3}+6\times\frac{1}{9}=-\frac{20}{3}+\frac{2}{3}=-\frac{18}{3}=-6$

(2)　２次方程式の解の公式より，$x=\frac{-8\pm\sqrt{8^2-4\times2\times(-1)}}{2\times2}=\frac{-8\pm\sqrt{72}}{4}=\frac{-8\pm6\sqrt{2}}{4}=\frac{-4\pm3\sqrt{2}}{2}$

(3)　**【解き方】１次関数$y=mx+n$（m，nは定数）の変化の割合はつねにmである。**
$y=-3x+1$の変化の割合は−３である。$y=\frac{a}{x}$は，$x=1$のとき$y=\frac{a}{1}=a$，$x=4$のとき$y=\frac{a}{4}$であり，この間の変化の割合は，（yの増加量）÷（xの増加量）$=(\frac{a}{4}-a)\div(4-1)=(-\frac{3a}{4})\div3=-\frac{a}{4}$と表せる。
よって，$-\frac{a}{4}=-3$より，$a=12$

(4)　**【解き方】直線$y=ax-1$とｙ軸の交点をＤとする。∠ＡＢＣ＝∠ＤＯＣ，∠ＡＣＢ＝∠ＤＣＯより，△ＡＢＣ∽△ＤＯＣである。**
Ｄは直線$y=ax-1$の切片だから，Ｄ（０，−１），ＤＯ＝０−（−１）＝１
△ＡＢＣ∽△ＤＯＣより，ＡＢ：ＤＯ＝ＢＣ：ＯＣ　　ＡＢ：１＝２：１　　ＡＢ＝２
したがって，Ａのy座標は$y=2$だから，$y=\frac{18}{x}$に$y=2$を代入すると$x=9$となる。

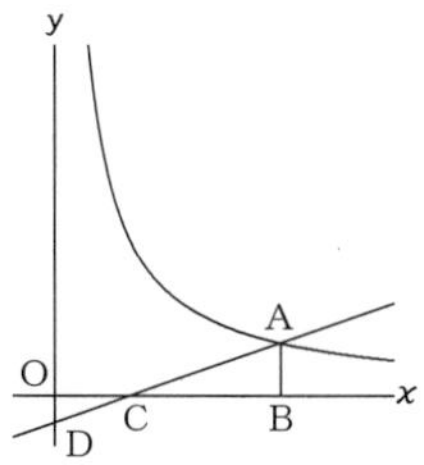

$y=ax-1$にA(9，2)の座標を代入すると，$2=9a-1$より，$a=\dfrac{1}{3}$

⑸　**【解き方】5人から3人の当番を選ぶ選び方は，当番にならない2人の選び方の数と等しい。**

当番にならない2人の選び方は，右の樹形図のように10通りある。

よって，3人の当番の選び方は10通りある。

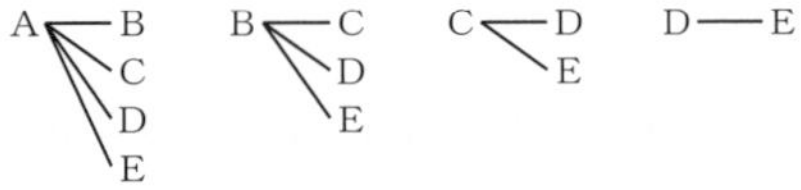

⑹　**【解き方】最頻値は最も度数が大きい値であり，相対度数は$\dfrac{(その冊数の度数)}{(度数の合計)}$で求める。**

最頻値は度数が9人で最も大きい2冊である。4冊の相対度数は，$\dfrac{6}{36}=0.166\cdots$より，0.17である。

⑺　**【解き方】∠xの大きさを○と×で表す。**

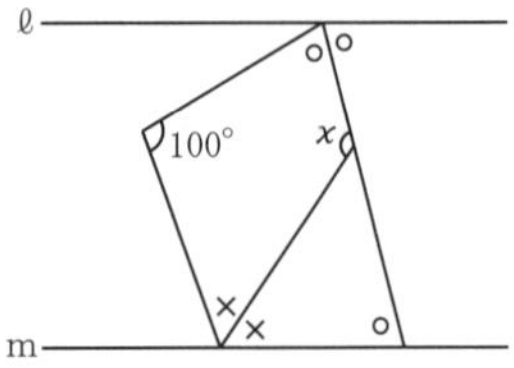

右のように作図する。三角形の1つの外角は，これととなり合わない2つの内角の和に等しいから，$\angle x=○+×$

四角形の内角の和より，$100°+○+×+\angle x=360°$　　$○+×+○+×=260°$

$2(○+×)=260°$　　$○+×=130°$　　よって，$\angle x=130°$

⑻　**【解き方】半径がrの球の体積は$\dfrac{4}{3}\pi r^3$である。**

半径が5cmと4cmの球の体積の和は，$\dfrac{4}{3}\pi\times5^3+\dfrac{4}{3}\pi\times4^3=\dfrac{4}{3}\pi(125+64)=252\pi$ (cm³)

底面の半径が6cm，高さがhcmの円柱の体積について，$6^2\pi\times h=252\pi$　　$h=7$

2　⑴　**【解き方】並んでいる数は，すぐ左にある数より1大きく，すぐ上にある数より7大きい。**

$b=a+1$，$c=a+7$，$d=c+1=a+7+1=a+8$だから，

$ad-bc=a(a+8)-(a+1)(a+7)=a^2+8a-(a^2+8a+7)=-7$

⑵　**【解き方】各段の一番右の数は7の倍数であり，一番左の数は一番右の数より6小さい。**

n段目の一番左の数は，$7n-6$と表せるから，$A=(7n-6)+2=7n-4$，$B=A+1=(7n-4)+1=7n-3$　　$AB=1482$より，$(7n-4)(7n-3)=1482$　　$49n^2-49n+12=1482$

$49n^2-49n-1470=0$　　$n^2-n-30=0$　　$(n-6)(n+5)=0$　　$n=6，-5$　　$n\geqq1$より，$n=6$

⑶　**【解き方】各段の一番右の数から3引いて，一番左の数に3足すと，両方とも真ん中の数と等しくなる。同様に，右から2番目の数から2引いて，左から2番目の数に2を足し，右から3番目の数から1引いて，左から3番目の数に1を足すと，すべて真ん中の数と等しくなる。したがって，各段の数の和は，真ん中の数の7倍と等しい。**

⑵より，n段目の真ん中の数は$(7n-6)+3=7n-3$だから，n段目の数の和は$7(7n-3)$と表せる。

$7(7n-3)=861$より，$7n-3=123$　　$7n=126$　　$n=18$

3　⑴　**【解き方】$y=ax-b$は2点(100，3500)，(200，10500)を通る直線の式だから，aの値(傾き)は2点間の変化の割合と等しい。**

直線の傾きが$\dfrac{10500-3500}{200-100}=70$だから，$a=70$である。直線$y=70x-b$に点(100，3500)の座標を代入すると，$3500=70\times100-b$より，$b=3500$　　直線のグラフの傾きは100秒以上経過したときの電車の速さを表している。xの単位が秒，yの単位がmだから，電車の速さは70m/秒なので，時速○kmに直すと，$\dfrac{70\times60\times60}{1000}=252$(km/時)

⑵　**【解き方】列車の先頭部分がトンネルから出始めてから，列車が完全にトンネルから出るまでに，列車は自身の長さと同じ道のりだけ進んだことから，その間の時間を求められる。**

$y=0.35x^2$に$x=70$を代入すると，$y=0.35\times70^2=1715$となる。⑴より，$x\geqq100$のときの列車の速さは70m/秒であり，その速さで420m進むのにかかる時間は$420\div70=6$(秒)だから，先頭部分がトンネルから出るのは出発

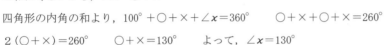

してから 216－6＝210(秒後)である。x＝70 からx＝210 までの間に列車が進んだ道のりが，トンネルの長さである。x＝70 のときy＝1715，x＝210 のときy＝70×210－3500＝11200 だから，トンネルの長さは，11200－1715＝9485(m)

4 (1) **【解き方】△ＡＢＥと△ＡＢＣが二等辺三角形であることを利用する。**

△ＡＢＥはＡＢ＝ＡＥの二等辺三角形だから，∠ＡＥＢ＝∠ＡＢＥ＝∠x

また，△ＡＢＣはＡＢ＝ＡＣの二等辺三角形だから，ＡＨは∠ＢＡＣの二等分線なので，∠ＢＡＣ＝２∠y

よって，△ＡＢＥの内角の和より，∠ＡＢＥ＋∠ＡＥＢ＋∠ＢＡＣ＋∠ＣＡＥ＝180°

∠x＋∠x＋２∠y＋90°＝180°　　２∠x＋２∠y＝90°　　∠x＋∠y＝45°

(2) **【解き方】(1)から，∠xと∠yの大きさがわかる。**

(1)より，∠ＢＡＣ＝２∠y＝45° だから，∠y＝22.5°　　∠x＝45°－22.5°＝22.5°

よって，∠ＢＥＣ＝∠ＡＥＣ－∠ＡＥＢ＝45°－22.5°＝22.5°

(3) **【解き方】∠ＡＢＣは二等辺三角形ＡＢＣの底角であり，二等辺三角形の２つの底角は等しいことを利用する。**

△ＡＢＣは二等辺三角形だから，∠ＡＢＣ＝(180°－45°)÷２＝67.5°

また，∠ＤＥＦ＝∠ＢＥＣ＋∠ＣＥＤ＝22.5°＋45°＝67.5° だから，∠ＡＢＣ＝∠ＤＥＦ

よって，△ＡＢＣ≡△ＤＥＦだから，ＥＦ＝ＢＣ＝４

(4) **【解き方】(3)でＥＦ＝４を求めたから，ＥＦを△ＡＥＦの底辺と考える。ＡからＢＥに垂線ＡＩを引くと，△ＡＥＦの高さはＡＩなので，ＡＩの長さを求める。**

右のように作図する。∠ＪＢＨ＝67.5°－22.5°＝45° だから，△ＪＢＨは直角二等辺三角形であり，ＢＨ＝ＪＨ＝$\frac{1}{2}$ＢＣ＝２

対頂角は等しいから，∠ＢＪＨ＝∠ＡＪＩ＝45° なので，△ＡＪＩも直角二等辺三角形である。また(2)より，∠x＝∠yだから，ＪＢ＝ＪＡなので，

△ＪＢＨ≡△ＡＪＩである。これより，ＡＩ＝ＪＨ＝２

よって，△ＡＥＦ＝$\frac{1}{2}\times4\times2=4$

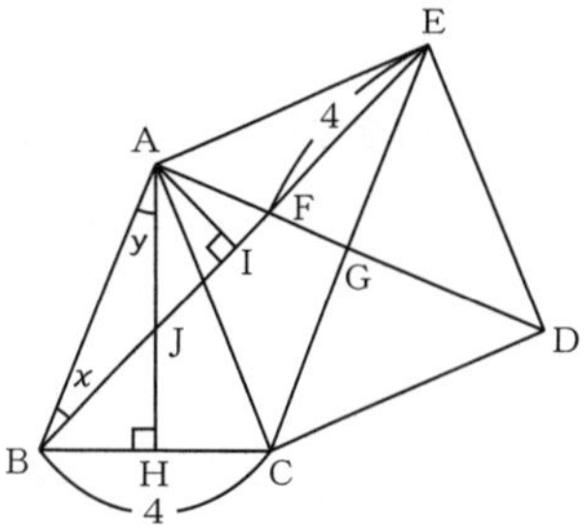

英語解答

1	1．エ　2．イ　3．イ　4．ア　5．エ
2	1．イ　2．ウ　3．エ　4．ア　5．エ
3	問1．(1)ウ　(2)ウ　(3)エ　(4)エ　(5)イ　(6)ウ　問2．1．カ　2．オ
4	[３番目／５番目]　1．[オ／ア]　2．[エ／オ]　3．[オ／イ]　4．[イ／ウ]　5．[ウ／ア]
5	1．イ　2．ウ　3．ウ　4．エ　5．エ
6	問1．ア　問2．イ　問3．ウ　問4．イ　問5．ア　問6．イ　問7．ア

英語解説

1 1　上の文，下の文ともに「彼女と私は互いに助け合う」という意味。　・also「～も」　・each other「互いに」

2　上の文，下の文ともに「彼は無言で立ち去った」という意味。　・not say anything to ～

・say nothing to ～「～に何も言わずに」

3　上の文，下の文ともに「祖父はメールを送ることができない」という意味。　・how to ～「～する方法」

4　上の文，下の文ともに「私は彼女の誕生日パーティーを楽しんだ」という意味。　・enjoy ~ing「～して楽しむ」　・have a good time「楽しく過ごす」

5　上の文，下の文ともに「私たちの学校は 80 年前に建てられた」という意味。上の文は受動態〈was《be動詞》＋ built《過去分詞》〉で，下の文は建物を「80 歳」と年齢で述べることで，築年数を表している。

2　1　A「帰宅した時，手を洗った？」→B「イもちろん洗ったよ」→A「それならいいわ。食事の前はいつでも手を洗うべきだわ。さあ，夕食をいただきましょう」の流れ。

2　A「１番近いバス停を教えてくれませんか？」→B「ウそれなら，私も行くところです。どうぞ私についてきてください」→A「バス停まで案内していただきありがとうございます」の流れ。

・Could you tell me the way to ～?「～への道を教えてくれませんか？」

3　A「すみません。国立博物館行きの路線はどちらでしょうか？」→B「そこへ行くなら，ブルーラインにエ乗らなければなりません。それからグリーン駅で乗り換えてください」→A「わかりました。どうもありがとうございます」の流れ。　・get on ～「～に乗る」　・change trains「電車を乗り換える」

4　A「こんにちは，スズキヒロシですが，オカダ先生はいらっしゃいますか？」→B「ごめんなさい。アお名前を聞き取れませんでした」→A「スズキです。スズキヒロシです」→B「ありがとうございます。でもあいにく，彼女は今，いません。伝言を承りましょうか？」の流れ。　・take a message「伝言を承る」

5　A「こんにちは。今日は何をお探しですか？」→B「ペンを壊してしまいました。新しいのが欲しいのですが。エこのようなの（ペン）がありますか？」→A「ええ，あると思います。こちらへどうぞ」の流れ。

・look for ～「～を探す」　・like ～「～のような」

3　【本文の要約】参照。

問１⑴　・one of＋ ○○《名詞の複数形》「○○の１つ」　⑵　話の流れより，ウの suddenly「急に」が適切。

⑶　・tell＋人＋to ～「（人）に～するように言う」　⑷　・ask＋人＋to ～「（人）に～してくれるよう頼む」

⑸　ジョージはウェイトレスに，作り直したフライドポテトをその男にイ serve「出す」よう，言った。

⑹　・too … to ～「～するには…すぎる」

問２　1「誰かが，または何かが到着するまで，あるいは何かが起こるまで何もしない」＝カ wait「待つ」が適切。

2「誰かに，してほしいことを言う」＝オ ask「頼む」が適切。

【本文の要約】

昔，アメリカで，ジョージ（という男）がコックとしてレストランで働いていました。ある晩，１人のとても金持ちの男がジョージのレストランを訪れました。彼は夕食にたくさんの料理を注文しました。その料理の⑴ウ１つ（＝One）はフライドポテトでした。その料理はジョージのレストランでとても人気がありました。ジョージはそれを料理し，そしてウェイトレスがその男に給仕しました。彼はそれを食べ始めました。彼は⑵ウ急に（＝suddenly）食べるのをやめ，ウェイトレスを呼びつけました。彼は彼女に言いました。「おい！これは太すぎるし，油っぽい。こんなものは食べられない。作り直すよう，コックに⑶エ伝えろ（＝Tell）」それで彼女はキッチンに行き，ジョージに金持ちの男のことを話して，

もう１度その料理を(4)エ作ってくれるよう(＝to cook)，頼みました。

もう１度，ジョージはフライドポテトを作り始めました。今度は最初の時よりジャガイモを薄く切りました。それからさっきのウェイトレスを呼んで，男にその料理を(5)イ出す(＝serve)よう，言いました。しかし，彼はジョージの２度目のフライドポテトも気に入らず，再びキッチンに返してしまいました。ジョージはとても腹が立ちました。それで向こうが透けてみえるほど薄くジャガイモを切りました。彼はその男を困らせたかったのです。それらは，フォークで食べるには(6)ウあまりにも(＝too)薄かったのです。今度はジョージ自ら男にその料理を出し，彼の側で待ちかまえていました。金持ちの男はそれを食べると「素晴らしい！」と言いました。

これが世界初のポテトチップスです！この後，ポテトチップスはこのレストランの名物料理になりました。

4

1　Yes, I hope the weather will be fine.：文意「ええ，天気が良いことを願います」

〈I hope (that)＋主語＋動詞〉「私は（that 以下）のことを願います」の文。will に続く be 動詞は原形の be。

2　You will find it at the end of the street.：文意「通りの突き当たりで，それ（郵便局）を見つけることでしょう」

・at the end of the street「通りの突き当たりで」

3　What do you think about bringing him some comics?：文意「彼にコミックを持って行くのはどうかな？」

・What do you think about ～?「～はどう思いますか？」　前置詞 about に続く動詞は ing 形にする。

4　…, so she is taking care of him at home.：文意「…，それで彼女は家で彼の世話をしているんだよ」

・take care of ～「～の世話をする」

5　I want someone to go with me.：文意「誰か私と一緒に行ってほしい」　・want＋人＋to ～「(人）に～してほしい」

5　【本文の要約】参照。

1　「ナオミは（　　）に生まれた」…第１段落１文目よりタカシは「2005 年の最初の日に生まれた」から，タカシの誕生日は 2005 年１月１日。３文目よりナオミは「その２年１か月後に生まれた」から，ナオミの誕生日はイ「2007 年２月」が適切。

2　「ナオミが生まれた時，母親は（　　）歳だった」…第１段落２文目より「タカシが生まれた時，両親は 28 歳」，３文目と５文目よりナオミは「その２年１か月後に生まれ」，「次の日は母親の誕生日」から，母親の年齢はウ「30」が適切。

3　「タカシは（　　）歳の時，20 kgだった」…第２段落１文目より「タカシは６歳で小学校に入学」し，２文目より「小学校の初日，体重が 20 kgだった」から，タカシの年齢はウ「６」が適切。

4　「ナオミの小学校での初日，タカシは（身長が）（　　）だった」…第３段落２文目より「ナオミが小学校に入学した時の身長は，その当時のタカシと同じだった」から 115 cm，３，４文目より「ナオミが小学校に入学した時，タカシはナオミより背が高い」「その身長差は 15 cm」から，タカシの身長はエ「130 cm」が適切。

5　「タカシの父親の現在の身長は（　　）である」…第１段落６，７文目より「ナオミの初めての誕生日，タカシの身長は 90 cm」で「ちょうど父親の半分だった」と，第４段落最後の文より「父親の身長はタカシが生まれた時から変わらない」から，タカシの父親の現在の身長はエ「180 cm」が適切。

【本文の要約】

1 タカシは 2005 年の最初の日に生まれました。2 彼が生まれた時，彼の両親は２人とも 28 歳でした。1，2 ちょうど２年１か月後に，タカシの妹は生まれました。赤ちゃんはナオミと名付けられました。2 翌日は彼女の母親の誕生日でした。

5ナオミの初めての誕生日，ナオミは 9 kgで 74 cm，タカシは 14 kgで 90 cmでした。タカシの身長は，父親のちょうど半分でした。タカシはその年に幼稚園に入りました。

3タカシは 6 歳の時，小学校に入学しました。小学校での初日，タカシは 20 kgで 115 cmでした。

ナオミはタカシと同じ年齢の時に幼稚園に入りました。4彼女が小学校に入学した時，小学校に入学した日のタカシと体重も身長も同じでした。ナオミが小学校に入学した日，もちろんタカシはナオミより背が高かったです。タカシとナオミの身長の差は 15 cmでした。

タカシは現在，中学生です。彼は今年，14 歳になりました。彼は背の高い少年になりました。今では 170 cmです。5しかし，彼の父親の身長はタカシが生まれてから変わっていません。

6 【本文の要約】参照。

問1　カメの映像によって人々の理解が深まった問題だから，アが適切。イ「カメたちは都市から姿を消している」，ウ「どの国も海からプラスチックを取り除こうと努力している」は不適切。

問2　「プラスチックは世界中で増産されているが…」に続くのは，そのリサイクル率は少ないことを述べたイが適切。ア「私たちはプラスチックゴミの全てを再利用している」，ウ「私たちは気楽な生活を手放すことを決意している」は不適切。

問3　魚がプラスチックゴミを食べてしまう理由だから，ウが適切。ア「それはとても食欲をわかせ，おいしい」，イ「それらは，それは食べるには危険であることを知っている」は不適切。

問4　海洋生物がプラスチックゴミを食べた後，どうなるかを述べたイが適切。ア「それらは強くなって私たちが思うより長生きする」，ウ「それらはまだ空腹を感じ，鼻からそれを取り出そうとする」は不適切。

問5　人間がプラスチックを使う理由だから，アが適切。イ「それは素早く粉々になり，私たちはそれを回収することができる」，ウ「彼らは通常，大量のごみを海洋に捨て去りはしない」は不適切。

問6　プラスチック製品が使い捨てを前提にしている具体例を挙げているから，イが適切。ア「世界の海洋生物の数を減らすために」，ウ「環境における問題を見つけるために」は不適切。

問7　ア○「プラスチックゴミは海洋における深刻な問題である」…本文の内容と一致。イ×「ビデオ映像のカメはプラスチックのストローを食べて死んでしまった」…第4段落最後の文より，カメは生きて海に戻された。ウ×「海洋のプラスチックの品物は多くの海洋生物を助けている」…本文と真逆の内容。

【本文の要約】

1 艇のボートに乗り込んだ科学者の一団が 1 匹のカメを助けています。そのカメは具合が悪く，科学者たちはその理由を探っています。カメの鼻の中に何かあります。科学者の 1 人がそれを取り出そうとしています。80 分もかかって，ようやく，カメの鼻から何か長いものが取り出されます。それは長いプラスチックのストローです。

多くの人々がインターネットでそのカメのビデオ映像を見ています。今ではこの問題に関する理解がより深まっています。1ア世界の海はプラスチックで溢れかえっています。2000 年から，プラスチックの生産は世界中で増加しているものの，2イそれがリサイクルされるのは 20%にすぎません。大量のプラスチックゴミは海に流入します。今日，科学者は，毎年 800 万トンが海に流入している，と考えています。このプラスチックの多くは海から消えることなどないでしょう。

この海洋プラスチックは毎年多くの海洋生物を傷つけています。3ウプラスチックがエサのように見えたり，海藻で覆われたりしているので，それを食べてしまう魚もいます。大量のプラスチックを食べることは飢餓をもたらすと確信する科学者もいます。海洋生物が大量のプラスチックを食べてしまうと，4イお腹は一杯になりますが，生き延びるの

に十分なエネルギーを摂れません。プラスチックの鋭い破片を食べてしまって海洋生物は傷つき，死に至るケースさえあるのです。

プラスチックは5ア耐久性があり，容易に壊れないので，人間にとっては便利なものですが，海洋生物にとっては危険きわまりません。「最大の問題は，プラスチックの品物は使い捨てを前提にしていることです」と話す科学者がいます。例えば，私たちはストローや水のボトル，ビニール袋を6イたった1回使っただけで捨ててしまいます。約 700 種類の海洋生物はこうしたプラスチックの品物を食べてしまいます。あのカメは救助され，海に戻ったのですから幸運でしたね。

プラスチックゴミはこの先，海洋生物にどのように影響するでしょうか？「私たちはこの答えを5年から 10 年で思い知ることになると思います」と話す科学者もいます。しかしその頃には，更に大量のプラスチックゴミがすでに海中にあることでしょう。

理科解答

1　問1．エ，オ　問2．カ　問3．イ

2　問1．イ　問2．1．エ　2．ア　問3．1番目…g　2番目…d　3番目…b　4番目…e
問4．ア　問5．ア，ウ，カ

3　問1．イ，カ　問2．体積…ア　質量…ウ　問3．ア．6　イ．3　問4．エ　問5．エ
問6．ウ

4　問1．ウ　問2．イ　問3．ア　問4．ア　問5．ウ

5　問1．①オ　②エ　③オ　④コ　問2．ア．1　イ．0　ウ．4　問3．ア．7　イ．6　ウ．4
エ．7　オ．5　問4．ア．0　イ．8　ウ．5　エ．2　オ．2　カ．8

6　問1．オ　問2．エ　問3．1．イ　2．ア　3．エ　問4．エ

7　問1．ア．1　イ．3　ウ．4　エ．0　問2．キ　問3．オ　問4．イ　問5．イ
問6．エ　問7．①イ　②ク　③カ　④ア　⑤ク　⑥オ

理科解説

1　**問1**　エ，オ○…有機物の多くは炭素原子(C)と水素原子(H)を含んでおり，酸素と結びつくことで二酸化炭素(CO_2)と水(H_2O)ができる。

問2　カ○…60 g の有機物を分解するのに必要な酸素は 60 g である。1 L の水に溶け込んでいる酸素は 0.010 g だから，60 g の酸素が溶け込んだ水の体積は $1\times\frac{60}{0.010}=6000$(L)となる。

問3　イ○…ミジンコはザリガニなどと同じ節足動物の甲殻類に分類される。

2　**問1**　イ○…図2の茎の維管束の分布に着目する。維管束が輪状に分布しているので，被子植物の双子葉類である。

問2　**2**　ア○…植物の根，茎，葉などは器官である。

問3　水が通る管を道管という。道管は根や茎の内側，葉の表側を通るので，根から吸収された水は根(g)，茎(d)，葉(b)の順に通り，蒸散によって気孔(e)から水蒸気となって出ていく。

問4　ア×…Aの葉に蒸散を抑えるワセリンを塗ると，葉からの蒸散量が調べられなくなる。　イ○…2本の試験

管に入れる水の量が同じではなくても，水の減少量(蒸散量)を比べることはできる。　ウ○…A，Bが入った試験管の水面に油を浮かせなくても，それぞれの試験管の水面から同量の水が蒸発したと考えればよい。　エ○…メスシリンダーには目盛りがついており，水の体積の減少量を調べることができる。

問5　ア○…アメーバは分裂によってふえる。　イ×…花粉管をのばすのは，有性生殖について述べたものである。ウ○，エ×…無性生殖では，子は親と同じ種類の遺伝子を同じ数だけもつ。　オ×…品種改良では，新たな遺伝子の組み合わせを持つ個体をつくりだすので，有性生殖を利用したふやし方が適してる。　カ○…無性生殖では，子は親の遺伝子をそのまま受け継ぐので，目的とする形質の農作物を大量に得たいときに適している。

3　**問1**　イ，カ○…氷(固体)を加熱すると，固体(氷)から液体(水)に変化するときと，液体(水)から気体(水蒸気)に変化するときに温度が一定になる。したがって，ＢＣ間では氷がとけて水に変化しており，ＤＥ間では水が沸騰して水蒸気に変化している。

問2　物質はふつう液体から固体になると体積が減少するが，水は例外で，液体から固体にすると体積が増加する。また，状態変化によって質量は変化しない。

問3　4.2×50×(40−10)＝6300(Ｊ)→6.3kJ

問5　エ○…②は水とエタノールの混合物の温度変化を測定しているので，温度が一定になる部分がないＡであり，①はＢである。また，Ａの温度は，加熱した時間が 10 分のときにエタノールの沸点をこえて約 80℃に達したので，混合物の沸騰が始まる加熱時間は約 10 分である。

問6　ア○…水もエタノールも液体の色は無色透明である。　イ○…１本目の試験管にはエタノールが多く含まれているので，マッチの火をつけると燃える。　ウ×…１本目の試験管にはエタノールが多く含まれているので，においがある。　エ○…５cm^3のエタノールを含む混合物から３cm^3ずつ試験管に入れるので，１本目がすべてエタノールだとしても，２本目は水とエタノールの両方を含んでいる。

4　**問1**　ウ○…〔湿度(%)＝$\frac{\text{空気1}m^3\text{あたりに含まれる水蒸気の質量(g)}}{\text{飽和水蒸気量}(g/m^3)}$×100〕を用いる。図１より，35℃での飽和水蒸気量は 40 g/m^3であり，空気１m^3あたりに含まれる水蒸気の質量は 30 g だから，湿度は$\frac{30}{40}$×100＝75(%)となる。

問2　イ○…雲が生じるときの湿度は 100%であり，空気塊Ａが上昇すると，気温が下がって飽和水蒸気量が小さくなるので，湿度は上がる。

問3　ア○…飽和水蒸気量と空気１m^3あたりに含まれる水蒸気の質量が等しくなる時，露点に達して雲が生じるので，飽和水蒸気量が 30 g/m^3になるときである。図１より，このときの温度は 30℃だから，図２より，高度はおよそ 900m である。

問4　ア○…1000m の空気柱の底面積１m^2あたりの体積は 1000 m^3である。この中に含まれる水蒸気の質量は 30×1000＝30000(g)→30 kg だから，すべて液体の水になると体積は$\frac{30}{1000}$＝0.03(m^3)となり，Ｘは 0.03m となる。

問5　ウ○…降水量が 1000 ㎜のときの問４のＸの値は 1000 ㎜→１m だから，0.03m では１日の局地的な豪雨の総雨量には足りない。

5　**問1**　①③オ○…質量は地球上と月面上と無重力のときで変わらず 6.0 kg である。　②エ○…地球上での重さは 6.0 kg→6000 g→60N だから，月面上ではその６分の１の 60×$\frac{1}{6}$＝10(N)となる。　④コ○…無重力状態での重さは０Ｎである。

問2　ばねののびは，ばねを引く力に比例するので，ばねを 0.60−0.20＝0.40(N)で引いたときのばねののびが 18.2−15.0＝3.2(cm)になることから，1.3Nの力で引いたときのばねののびは 3.2×$\frac{1.3}{0.40}$＝10.4(cm)となる。

問3(ⅰ)　ア．ＡとＢの重力の合計は$\frac{100+600}{100}$＝７(N)だから，台はかりが物体Ａを押す力(垂直抗力)も７Ｎである。　イ．Ｂの重力は６Ｎだから，ＡがＢを押す力(垂直抗力)も６Ｎである。　(ⅱ)　ばねののびが 3.0cm のと

き，ばねにはたらく力は１×$\frac{3.0}{1.5}$＝２(N)となるので，ＢがＡを押す力は６－２＝４(N)となり，ＡがＢを押す力も４Nとなる。　(iii)　台はかりとばねには合計で 700ｇ分の力がかかる。台はかりが 200ｇを示しているとき，ばねには 700－200＝500(ｇ)→５Nの力がかかるので，ばねは 1.5×５＝7.5(cm)のびる。

問４(ｉ)　Ｃの長さが 18cmになるとき，ＡとＢに同じ大きさの力がはたらき，２本のばねの長さの合計が 18cm になる。図３より，力の大きさが 0.8Nのとき，Ａが 10cm，Ｂが８cm になり，２本のばねの長さの合計が 10＋８＝18(cm)になることがわかる。　(ii)　ウ，エ．図３より，Ａののびが８cm のとき，Ａの長さは２＋８＝10(cm)になり，Ａにかかる力は 0.8Nである。また，Ｂののびが 10cm のとき，Ｂの長さは４＋10＝14(cm)になり，Ｂにかかる力は 2.0Nである。棒が水平になるとき，Ａにかかる力：Ｂにかかる力はＸ：Ｙの逆比になるので，Ｘ：Ｙ＝2.0：0.8＝５：２となる。　オ，カ．0.8＋2.0＝2.8(N)

6　問１　オ○…空気と食塩水は混合物，窒素とアルミニウムは単体，アンモニアは化合物である。

問２　エ○…長石，石英は無色鉱物，角閃石，輝石，黒雲母は有色鉱物だから，有色鉱物の割合は 21＋17＋10＝48(％)となる。

問３　１　イ○…石灰岩やチャートは生物の死がいが堆積してできた岩石である。　２　ア○…れきをつるした状態から水につけた状態にすると，電子てんびんの値が 1118－1068＝50(ｇ)増えた。これは，れきにはたらく浮力の反作用によるものだから，浮力の大きさは$\frac{50}{100}$＝0.5(N)となる。　３　エ○…〔密度(ｇ/cm³)＝$\frac{質量(g)}{体積(cm^3)}$〕より，密度が一般的なものより小さかったということは，同じ質量で比べたときの体積が一般的なものよりも大きくなっていたということである。

問４　エ○…恐竜は中生代に生息していた生物である。胃石は恐竜の胃の中から見つかったので，歯ですりつぶせない食べ物を，胃の中ですりつぶすのに使われていたと考えられる。

7　問１　濃塩酸 100ｇに含まれる塩化水素は 100×0.36＝36(ｇ)だから，この塩化水素を用いて作られる 2.5％の水溶液の重さは 36÷0.025＝1440(ｇ)である。したがって，必要な水の重さは 1440－100＝1340(ｇ)となる。

問２　キ○…水酸化ナトリウム水溶液の溶質は固体の水酸化ナトリウム，炭酸水の溶質は気体の二酸化炭素，アンモニア水の溶質は気体のアンモニア，硝酸カリウム水溶液の溶質は固体の硝酸カリウムである。

問３　オ○…地磁気によって，方位磁針のN極は北を指す。また，電流のまわりにできる磁界の向きは右手を使って求めることができ，ここではN極が北を指す向きにできる。

問４　イ○…塩酸を電気分解すると，陽極から塩素，陰極から水素が発生する〔2HCl→H_2＋Cl_2〕。水素や塩素は原子が２つ結びついた分子の形で存在しているので，モデルを用いて表すときは原子２個がくっついて１個の分子をつくっている。

問５　イ○…電流計は測定したい部分に直列に，電圧計は測定したい部分に並列につなぐので，Ｘは電圧計である。〔抵抗(Ω)＝$\frac{電圧(V)}{電流(A)}$〕，100mA→0.1Ａより，抵抗器の抵抗は$\frac{17}{0.1}$＝170(Ω)となる。

問６　エ○…問５のとき，回路全体の抵抗は$\frac{20}{0.1}$＝200(Ω)だから，電気分解装置の抵抗は 200－170＝30(Ω)である。抵抗器の抵抗を２倍の 170×２＝340(Ω)にすると回路全体の抵抗は 340＋30＝370(Ω)になるので，電源装置の電圧が 20Vのとき，〔電流(A)＝$\frac{電圧(V)}{抵抗(Ω)}$〕より，電流計の示す値は$\frac{20}{370}$＝0.054…(A)→54mA となる。

問７　陽極では，陰イオンの塩化物イオン(Cl^-)が電子を１個失って塩素原子になり，２個結びついて塩素分子になる。陰極では，陽イオンの水素イオン(H^+)が電子を１個受け取って水素原子になり，２個結びついて水素分子になる。

社会解答

1 問1．ウ　問2．イ　問3．イ　問4．ウ

2 問1．イ　問2．オ　問3．カ

3 問1．カ　問2．ウ

4 問1．イ　問2．ウ　問3．ア

5 問1．ア，エ　問2．イ　問3．エ

6 問1．ウ　問2．エ　問3．エ

7 問1．イ　問2．ウ　問3．エ

8 問1．ア　問2．ウ　問3．エ　問4．ク

社会解説

1 **問1**　ウが正しい。Aはアメリカ合衆国(に)，Bはトルコ(い)，Cはオーストラリア(は)，Dはインド(ろ)の紀行文である。

問2　イが正しい。図を見ると，アメリカ合衆国(に)の首都ワシントンD. C.は西経 75 度にあることが読み取れる。経度差 15 度で1時間の時差が生じるから，日本(東経 135 度)との経度差は 135＋75＝210(度)，時差は 210÷15＝14(時間)になる。西経に位置するアメリカ合衆国の方が時刻は遅れているから，日本を出発したときのワシントンD. C.の時刻は 12 月 24 日０時であり，到着時刻は 14 時間後の 12 月 24 日 14 時になる。

問3　イが正しい。インドでは国民の多くがヒンドゥー教を信仰しているから，牛を食べることを避けている。そこで，牛の家畜頭数と牛肉の畜産物の生産数の差が最も大きいイをインドと判断する。アはオーストラリア，ウはアメリカ合衆国，エはトルコである。

問4　ウが正しい。表２・表３でわかりやすい国を見つけて消去法で考える。2017 年の表２の総数から 11 億件以上の契約があるCは，人口が 13 億人を超えたインドである。表２と表３からYは契約総数が１億件から３億件まで増え，在留日本人も多いことからアメリカ合衆国である。残ったトルコとオーストラリアを比べたとき，オーストラリアの方が明らかに在留日本人は多いので，Wがトルコ，Zがオーストラリアと判断する。

2 **問1**　イが正しい。①は筑後川，②は信濃川，③は利根川，④は北上川である。図２の雨温図を見ると，冬の降水量が多い日本海側の気候だから，日本海に河口がある②を選ぶ。

問2　オが正しい。ⅠとⅢの１位の県に注目すれば，栃木県が１位のⅠがいちご，青森県が１位のⅢがりんごとわかる。日本なしは，千葉県＞茨城県の順に多い。

問3　カが正しい。Aは福岡港，Bは関西国際空港，Cは名古屋港，Dは成田国際空港である。Aだけにあって，B～Dの上位にないXは魚介類である。YはBとDの空港で輸入されるものだから，小型軽量で単価が高い集積回路である。Zは船舶輸送に適した石油である。

3 **問1**　カが正しい。ア．誤り。A地点の北側には広葉樹林(Q)が広がっている。イ．誤り。A地点の標高は 150m だから，A地点より低いB地点との標高差が 200m以上になることはない。ウ．誤り。A地点から南南東の方角にある毘沙子島に工場(☼)があるかどうかは読み取れない。エ．誤り。裁判所(个)の西隣には病院(⊕)がある。オ．誤り。C地点の標高は約 100mだから，A地点(150m)の標高より低い。

問２　ウが正しい。２万 5000 分の１地形図での８㎝は，実際には８×25000＝200000(㎝)＝2000(m)＝２(㎞)である。したがって，池の周囲の長さは，２×3.14＝6.28(㎞)，半径は１㎞だから，面積は1^2×3.14＝3.14(㎢)

4　**問１**　イが正しい。法令は，鎌倉時代に第３代執権・北条泰時が制定した御成敗式目である。ア．誤り。六波羅探題を設置したのは，承久の乱(1221 年)の後である。ウ．誤り。江戸時代に制定された武家諸法度の内容である。エ．誤り。守護の設置を認めさせたのは源頼朝で，1185 年のことであった。

問２　ウが正しい。鎌倉時代は，女性にも相続が行われたので，女性で地頭に任命される場合もあった。ア．誤り。御家人の取り締まりは侍所が担当した。イ．誤り。備中ぐわや千歯こきは，江戸時代に開発された農具だから，鎌倉時代の記述として成立していない。エ．誤り。紀伊国阿氏河荘では，地頭の横暴をやめさせるように農民たちが荘園領主に訴えた。

問３　アが正しい。①藤原清衡・奥州藤原氏→③平清盛→④足利義満→②足利義政→⑤織田信長だから，足利義満が建てた鹿苑寺(金閣)を選ぶ。本能寺は⑤の織田信長，厳島神社は③の平清盛，中尊寺は①の藤原清衡，慈照寺(銀閣)は②の足利義政に関係が深い。

5　**問１**　アとエが正しい。日本の律令制度は，奈良時代から平安時代中頃まで定着していた。イは安土桃山時代の太閤検地の説明である。ウは飛鳥時代前半の聖徳太子の政治の説明である。オは江戸時代の農民の統制の説明である。

問２　イが正しい。租は稲の収穫の約３％を治める税，雑徭は年間 60 日以内の地方での労役。

問３　エが正しい。史料は，奈良時代に成立した『万葉集』である。アは『古今和歌集』，イは『源氏物語』『枕草子』『土佐日記』などである。ウは「平家物語」の説明である。

6　**問１**　ウが正しい。ｂ朝鮮出兵(1592 年・1597 年)→ｃ鎖国体制の完成(1641 年)→ａ名誉革命(1688 年)

問２　エが正しい。出来事はアメリカ合衆国で起きた南北戦争(1861 年)だから，④ペリー来航(1853 年)と⑤岩倉使節団(1871 年)の間に入る。ラクスマンが根室に到着したのは 1792 年，最後の宣教師シドッチの死は 1714 年，キリスト教の宣教師ザビエルが布教を始めたのは 1549 年。

問３　エが正しい。公事方御定書の説明として正しい。アとウは田沼意次の政治，イは松平定信の寛政の改革。

7　**問１**　イが正しい。Ａは伊藤博文である。「内閣総理大臣を務めた」「韓国統監」から伊藤博文と判断する。アは犬養毅，ウは原敬，エは近衛文麿の説明である。

問２　ウが正しい。史料の最後に「現在(会談の翌年)，朝鮮は正式に日本に統合されている」とあるから，韓国併合(1910 年)の１年前の 1909 年と読み取れる。日露戦争は 1904 年，第一次世界大戦は 1914 年である。また，日清戦争は 1894 年，第二次世界大戦は 1939 年に始まった。

問３　エが正しい。サンフランシスコ平和条約締結時は，アメリカ合衆国を中心とした西側諸国と，ソ連を中心とした東側諸国による対立(冷戦)が激しかったため，西側諸国との締結によって日本の独立は認められたが，韓国や東側諸国との国交は断絶したままだった。ア．誤り。樺太千島交換条約では，樺太をロシアが，千島列島を日本が領有することになった。イ．誤り。ロシア革命は，第一次世界大戦中(1914 年～1918 年)の 1917 年に起きた。ウ．誤り。日中戦争(1937 年)→第二次世界大戦(1939 年)→日ソ中立条約(1941 年)の順に起きた。

8　**問１**　アが正しい。写真１はダグラス・マッカーサーである。貴族院は，大日本帝国憲法のもとで構成された。

問２　ウが正しい。写真２は東京タワーである。高度経済成長期は好景気が続いたから，年々数値が下がっていくのは完全失業率と判断できる。白黒テレビの普及率は 1960 年代に急激に上昇した。高度経済成長期の経済成長率は高い割合で上昇を続けた。高度経済成長期は，農村から大都市に人口が集中し，第二次産業就業者と第三次産業就業者が増え，第一次産業就業者が減少した。

問3　エが誤り。写真３は石油危機(1973 年)である。消費税導入は 1989 年のことであった。

問4　クが正しい。X.「発展途上国の各国ごと」「経済力をつける」から，自国の対策のみを重視し，経済成長を重視する d である。Y.「経済成長をしている国々が…技術や資金を提供」「地球環境保全に優先的に」から対話や協力を重視し，地球環境保全を重視する b である。Z.「公正な話し合い」「地球環境保全と経済成長を両立」から，対話や協力を重視し，地球環境保全と経済成長の真ん中にある a である。

国語
数学
英語
理科
社会

令和３年度入学者選抜学力検査解答用紙

氏名を記入しなさい。

氏名	

受検番号を記入し，受検番号と一致《いっち》したマーク部分を塗《ぬ》りつぶしなさい。

受検番号				
万位	千位	百位	十位	一位
⓪	⓪	⓪	⓪	⓪
①	①	①	①	①
②	②	②	②	②
③	③	③	③	③
④	④	④	④	④
⑤	⑤	⑤	⑤	⑤
⑥	⑥	⑥	⑥	⑥
⑦	⑦	⑦	⑦	⑦
⑧	⑧	⑧	⑧	⑧
⑨	⑨	⑨	⑨	⑨

注意事項《じこう》

1　解答には，必ず**HBの黒鉛筆を**使用し，「マーク部分塗りつぶしの見本」を参考に◯を塗りつぶすこと。
2　解答を訂正《ていせい》するときは，きれいに消して，消しくずを残さないこと。
3　一つの問題で複数のマーク部分を塗りつぶす場合の解答方法は，問題用紙の注意事項を確認すること。
4　指定された欄《らん》以外を塗りつぶしたり，文字を記入したりしないこと。
5　汚したり，折り曲げたりしないこと。

マーク部分塗りつぶしの見本					
良い例	悪い例				
●	レ点	棒	薄い	はみ出し	丸囲み

解答欄

1	問1
	問2
	問3
	問4
2	問1
	問2
	問3
3	問1
	問2
4	問1
	問2
	問3
5	問1
	問2
	問3
6	問1
	問2
	問3

問1		㋐	㋑	㋒	㋓	㋔					
問2		㋐	㋑	㋒	㋓	㋔	㋕				
問3	1	㋐	㋑	㋒	㋓						
	2	㋐	㋑	㋒	㋓	㋔					
	3	㋐	㋑	㋒	㋓	㋔					
問4		㋐	㋑	㋒	㋓						

問1	ア	⓪	①	②	③	④	⑤	⑥	⑦	⑧	⑨
	イ	⓪	①	②	③	④	⑤	⑥	⑦	⑧	⑨
	ウ	⓪	①	②	③	④	⑤	⑥	⑦	⑧	⑨
	エ	⓪	①	②	③	④	⑤	⑥	⑦	⑧	⑨
問2		㋐	㋑	㋒	㋓	㋔	㋕	㋖	㋗	㋘	㋙
問3		㋐	㋑	㋒	㋓	㋔					
問4		㋐	㋑	㋒	㋓	㋔					
問5		㋐	㋑	㋒	㋓	㋔	㋕	㋖	㋗	㋘	
問6		㋐	㋑	㋒	㋓	㋔					
問7	①	㋐	㋑	㋒	㋓	㋔	㋕	㋖	㋗	㋘	
	②	㋐	㋑	㋒	㋓	㋔	㋕	㋖	㋗	㋘	
	③	㋐	㋑	㋒	㋓	㋔	㋕	㋖	㋗	㋘	
	④	㋐	㋑	㋒	㋓	㋔	㋕	㋖	㋗	㋘	
	⑤	㋐	㋑	㋒	㋓	㋔	㋕	㋖	㋗	㋘	
	⑥	㋐	㋑	㋒	㋓	㋔	㋕	㋖	㋗	㋘	

問１〜問３…２点×３　問４・問５…３点×２
問１・問２…２点×２　問３　ア・イ，エ・オ…完答２点×２　ウ…１点　問４…２点×３
問１・問２・問４…２点×３　問３　１…２点　２…３点　３…２点
問１〜問３・問５〜問７…３点×６　問４…２点

令和３年度入学者選抜学力検査解答用紙

氏名を記入しなさい。

氏名	

受検番号を記入し，受検番号と一致《いっち》したマーク部分を塗《ぬ》りつぶしなさい。

受検番号				
万位	千位	百位	十位	一位
⓪	⓪	⓪	⓪	⓪
①	①	①	①	①
②	②	②	②	②
③	③	③	③	③
④	④	④	④	④
⑤	⑤	⑤	⑤	⑤
⑥	⑥	⑥	⑥	⑥
⑦	⑦	⑦	⑦	⑦
⑧	⑧	⑧	⑧	⑧
⑨	⑨	⑨	⑨	⑨

注意事項《しこう》

1　解答には，必ず**HBの黒鉛筆を**使用し，「マーク部分塗りつぶしの見本」を参考に◯を塗りつぶすこと。

2　解答を訂正《ていせい》するときは，きれいに消して，消しくずを残さないこと。

3　数値を解答する場合の解答方法は，問題用紙の注意事項を確認すること。

4　指定された欄《らん》以外を塗りつぶしたり，文字を記入したりしないこと。

5　汚したり，折り曲げたりしないこと。

マーク部分塗りつぶしの見本					
良い例	悪い例				
●	レ点	棒	薄い	はみ出し	丸囲み

令和3年度入学者選抜学力検査解答用紙

氏名を記入しなさい。

氏名	

受検番号を記入し，受検番号と一致《いっち》したマーク部分を塗《ぬ》りつぶしなさい。

受検番号				
万位	千位	百位	十位	一位
⓪	⓪	⓪	⓪	⓪
①	①	①	①	①
②	②	②	②	②
③	③	③	③	③
④	④	④	④	④
⑤	⑤	⑤	⑤	⑤
⑥	⑥	⑥	⑥	⑥
⑦	⑦	⑦	⑦	⑦
⑧	⑧	⑧	⑧	⑧
⑨	⑨	⑨	⑨	⑨

注意事項《じこう》

1　解答には，必ず**HBの黒鉛筆**を使用し，「マーク部分塗りつぶしの見本」を参考に◯を塗りつぶすこと。

2　解答を訂正するときは，きれいに消して，消しくずを残さないこと。

3　指定された欄《らん》以外を塗りつぶしたり，文字を記入したりしないこと。

4　汚したり，折り曲げたりしないこと。

マーク部分塗りつぶしの見本					
良い例	悪い例				
●	レ点	棒	薄い	はみ出し	丸囲み

解　答　欄

1	1
	2
	3
	4
	5

2	1
	2
	3
	4
	5

3	問1	(1)
		(2)
		(3)
		(4)
		(5)
		(6)
	問2	1
		2

（1）	ア	⊖	⓪	①	②	③	④	⑤	⑥	⑦	⑧	⑨
	イ	⊖	⓪	①	②	③	④	⑤	⑥	⑦	⑧	⑨
	ウ	⊖	⓪	①	②	③	④	⑤	⑥	⑦	⑧	⑨
	エ	⊖	⓪	①	②	③	④	⑤	⑥	⑦	⑧	⑨
	オ	⊖	⓪	①	②	③	④	⑤	⑥	⑦	⑧	⑨
	カ	⊖	⓪	①	②	③	④	⑤	⑥	⑦	⑧	⑨
	キ	⊖	⓪	①	②	③	④	⑤	⑥	⑦	⑧	⑨
	ク	⊖	⓪	①	②	③	④	⑤	⑥	⑦	⑧	⑨
	ケ	⊖	⓪	①	②	③	④	⑤	⑥	⑦	⑧	⑨
（2）	コ	⊖	⓪	①	②	③	④	⑤	⑥	⑦	⑧	⑨
	サ	⊖	⓪	①	②	③	④	⑤	⑥	⑦	⑧	⑨
	シ	⊖	⓪	①	②	③	④	⑤	⑥	⑦	⑧	⑨
	ス	⊖	⓪	①	②	③	④	⑤	⑥	⑦	⑧	⑨
	セ	⊖	⓪	①	②	③	④	⑤	⑥	⑦	⑧	⑨
	ソ	⊖	⓪	①	②	③	④	⑤	⑥	⑦	⑧	⑨
	タ	⊖	⓪	①	②	③	④	⑤	⑥	⑦	⑧	⑨
	チ	⊖	⓪	①	②	③	④	⑤	⑥	⑦	⑧	⑨
	ツ	⊖	⓪	①	②	③	④	⑤	⑥	⑦	⑧	⑨
	テ	⊖	⓪	①	②	③	④	⑤	⑥	◯	⑧	⑨
	ト	⊖	⓪	①	②	③	④	⑤	⑥	⑦	⑧	⑨

4

（1）	ア	⊖	⓪	①	②	③	④	⑤	⑥	⑦	⑧	⑨
	イ	⊖	⓪	①	②	③	④	⑤	⑥	⑦	⑧	⑨
（2）	ウ	⊖	⓪	①	②	③	④	⑤	⑥	⑦	⑧	⑨
	エ	⊖	⓪	①	②	③	④	⑤	⑥	⑦	⑧	⑨
	オ	⊖	⓪	①	②	③	④	⑤	⑥	⑦	⑧	⑨
（3）	カ	⊖	⓪	①	②	③	④	⑤	⑥	⑦	⑧	⑨
	キ	⊖	⓪	①	②	③	④	⑤	⑥	⑦	⑧	⑨
	ク	⊖	⓪	①	②	③	④	⑤	⑥	⑦	⑧	⑨
	ケ	⊖	⓪	①	②	③	④	⑤	⑥	⑦	⑧	⑨
（4）	コ	⊖	⓪	①	②	③	④	⑤	⑥	⑦	⑧	⑨

令和3年度入学者選抜学力検査解答用紙

氏名を記入しなさい。

氏名	

受検番号を記入し，受検番号と一致《いっち》したマーク部分を塗《ぬ》りつぶしなさい。

受検番号				
万位	千位	百位	十位	一位
⓪	⓪	⓪	⓪	⓪
①	①	①	①	①
②	②	②	②	②
③	③	③	③	③
④	④	④	④	④
⑤	⑤	⑤	⑤	⑤
⑥	⑥	⑥	⑥	⑥
⑦	⑦	⑦	⑦	⑦
⑧	⑧	⑧	⑧	⑧
⑨	⑨	⑨	⑨	⑨

注意事項《じこう》

1　解答には，必ず**HBの黒鉛筆を**使用し，「マーク部分塗りつぶしの見本」を参考に○を塗りつぶすこと。

2　解答を訂正《ていせい》するときは，きれいに消して，消しくずを残さないこと。

3　求めた値《あたい》に該当する符号や数値の箇所のマーク部分を塗りつぶすこと。具体的な解答方法は，問題用紙の注意事項を確認すること。

4　指定された欄《らん》以外を塗りつぶしたり，文字を記入したりしないこと。

5　汚したり，折り曲げたりしないこと。

マーク部分塗りつぶしの見本					
良い例	悪い例				
●	レ点	棒	薄い	はみ出し	丸囲み

令和３年度入学者選抜学力検査解答用紙

氏名を記入しなさい。

氏名	

受検番号を記入し，受検番号と一致《いっち》したマーク部分を塗《ぬ》りつぶしなさい。

受検番号				
万位	千位	百位	十位	一位
⓪	⓪	⓪	⓪	⓪
①	①	①	①	①
②	②	②	②	②
③	③	③	③	③
④	④	④	④	④
⑤	⑤	⑤	⑤	⑤
⑥	⑥	⑥	⑥	⑥
⑦	⑦	⑦	⑦	⑦
⑧	⑧	⑧	⑧	⑧
⑨	⑨	⑨	⑨	⑨

注意事項《じこう》

1　解答には，必ず**HBの黒鉛筆**を使用し，「マーク部分塗りつぶしの見本」のとおりに○を塗りつぶすこと。

2　解答を訂正《ていせい》するときは，きれいに消して，消しくずを残さないこと。

3　指定された欄《らん》以外を塗りつぶしたり，文字を記入したりしないこと。

4　汚したり，折り曲げたりしないこと。

マーク部分塗りつぶしの見本					
良い例	悪い例				
●	レ点	棒	薄い	はみ出し	丸囲み

解　答　欄

1	(1)	
	(2)	
	(3)	
	(4)	
	(5)	
	(6)	

2	問1	A	
		B	
	問2		
	問3		
	問4		
	問5		
	問6		
	問7		
	問8		

3	問1	a	
		b	
		c	
	問2		
	問3		
	問4		
	問5		
	問6		
	問7		

問3　下線部(3)の時期には，次の史料の和歌などを収めた歌集がつくられた。この歌集の説明として正しいものを，下のアからエのうちから一つ選べ。なお，史料の和歌は現代漢字に置きかえている。

史料

・からころも　裾《すそ》にとりつき　泣《な》く子《こ》らを　置《お》きてぞ来《き》ぬや　母《おも》なしにして

・君《きみ》が行《ゆ》く　海辺《うみべ》の宿《やど》に　霧立《きりた》たば　我《あ》が立《た》ち嘆《なげ》く　息《いき》と知《し》りませ

・熟田津《にぎたづ》に　船乗《ふなの》りせむと　月待《つきま》てば　潮《しほ》もかなひぬ　今《いま》は漕《こ》ぎ出《い》でな

・あおによし　奈良《なら》の都《みやこ》は　咲《さ》く花《はな》の　にほふがごとく　今《いま》さかりなり

ア　天皇の命令を受けて，紀貫之《きのつらゆき》らがこの歌集を編纂《へんさん》した。

イ　日本語の発音を表現しやすくした仮名《かな》文字を使って書かれている。

ウ　この歌集は琵琶法師《びわほうし》によって広められ，文字を読めない人々にも親しまれた。

エ　天皇や貴族だけでなく，農民や防人《さきもり》など庶民《しょみん》の和歌まで広く集めている。

6 次の**略年表**とそれに関する**説明文**を読み，問１から問３までの各問いに答えよ。

略年表

① キリスト教の宣教師が，はじめて日本で布教を開始した。

② 鎖国《さこく》下の日本にやってきた「最後の宣教師」が，江戸《えど》の切支丹《きりしたん》屋敷で牢死《ろうし》した。

③ ロシア使節のラクスマンが根室《ねむろ》に来航した。

④ ペリーが浦賀《うらが》に来航した。

⑤ 津田《つだ》梅子を含む約 60 名の留学生が海外に渡った。

説明文 「最後の宣教師」について

2014 年に東京都文京区小日向《こひなた》の切支丹屋敷跡から出土した人骨は，国立科学博物館でのDNA 分析《ぶんせき》の結果，イタリア人宣教師シドッチのものである可能性が高いことが判明した。「最後の宣教師」と言われる人物である。布教のために日本への潜入を試みたが，屋久島《やくしま》上陸後すぐに捕まって長崎《ながさき》に送られ，さらに江戸で切支丹屋敷に幽閉《ゆうへい》されたのち，牢死した。享保《きょうほう》の改革が始まる２年前のことであった。

問１ 次のａからｃは，**略年表**中の①と②の間に起きた出来事について述べたものである。ａからｃを年代の古い順に並べ直したとき正しいものを，下の**ア**から**カ**のうちから一つ選べ。

ａ イギリスで名誉革命が起こり，オランダから新しい国王を迎えた。
ｂ 李舜臣《りしゅんしん》《イスンシン》の水軍が日本との戦いで活躍した。
ｃ オランダ商館が平戸《ひらど》から出島に移された。

ア ａ → ｂ → ｃ	**イ** ａ → ｃ → ｂ	**ウ** ｂ → ｃ → ａ
エ ｂ → ａ → ｃ	**オ** ｃ → ａ → ｂ	**カ** ｃ → ｂ → ａ

問２　次の文はある国で起こった出来事を表している。これは**略年表**のどの期間に起きたことか。下のアからエのうちから一つ選べ。

> 経済政策や奴隷《どれい》制の是非《ぜひ》をめぐって南部と北部とが対立し，国を二分する大きな内戦が起こった。

ア　①と②の間
イ　②と③の間
ウ　③と④の間
エ　④と⑤の間

問３　**説明文**中の下線部の改革の一環として行われたことを，次のアからエのうちから一つ選べ。

ア　株仲間を積極的に公認して営業《えいぎょう》上の特権を与え，代わりに営業税を徴収することで，幕府の収入を増やそうとした。

イ　農村から都市に出稼《でかせ》ぎに来ていた人びとに資金を与えて村に帰すことで農村の再生をはかり，ききんに備えて米を備蓄《びちく》させた。

ウ　長崎での貿易を活発にするために俵物《たわらもの》と呼ばれた海産物の輸出を奨励《しょうれい》し，大きな沼《ぬま》や蝦夷地《えぞち》の開発を計画した。

エ　質素・倹約《けんやく》をかかげて支出を抑え，年貢《ねんぐ》収入の増加をはかり，裁判での刑罰《けいばつ》の基準となる法を定めて裁判を公正にしようとした。

7　次の史料は，日本を訪れたタタール人イスラム教徒のイブラヒムという人物と，内閣総理大臣をつとめた人物 [A] との会談についてイブラヒムが書いた記録の一部である（ [A] のなかにはある人物の名前が入る)。史料を読み，問１から問３までの各問いに答えよ。なお，史料は出題の都合上表現を一部改めている。

> **史料**
>
> 　前方から一人の男性が歩いてきた。近づくにつれて [A] その人であるとわかった。挨拶《あいさつ》を交わした。 [A] は微笑《ほほえ》みながら，
>
> 「お人違いでなければ，イブラヒムさんですね」と言った。
>
> 「はい，訪問の栄に浴させていただきたく，やってまいりました。」
>
> （中略）
>
> 　[A] は，日本で最も偉大な思想家の一人で，かつては大臣職を歴任した。この当時は韓国《かんこく》統監《とうかん》として大きな権力をふるい，何でも思いのままであるという。
>
> （中略）
>
> 「私（イブラヒム）は，ロシア国籍《こくせき》のタタール人※で，宗教はイスラムです。」
>
> （中略）
>
> 「私たち日本人のイスラムに対する知識は，残念ながらじつに乏《とぼ》しいものです。（中略）私にイスラムの本質について少しご教授いただけないでしょうか。」
>
> （中略）
>
> 　現在（イブラヒムと [A] の会談の翌年)，朝鮮は正式に日本に統合されている。

※タタール人とは，おもにロシアのヴォルガ川中流域に居住するトルコ系民族であり，イスラム教徒が多い。

問１　史料中の [A] の人物についての説明として正しいものを，次のアからエのうちから一つ選べ。

ア　満州国建国に反対したが，五・一五事件で暗殺された。
イ　岩倉使節団の一員であり，大日本帝国《ていこく》憲法の制定に尽力《じんりょく》した。
ウ　本格的な政党内閣を成立させ，「平民宰相《さいしょう》」と呼ばれた。
エ　国家総動員法の制定や，大政翼賛会《たいせいよくさんかい》の結成を行った。

問２　史料の会談が行われた時期として正しいものを，次のアからエのうちから一つ選べ。

ア　日清戦争より前
イ　日清戦争と日露《にちろ》戦争の間
ウ　日露戦争と第一次世界大戦の間
エ　第一次世界大戦と第二次世界大戦の間

問３　史料中の下線部のロシア（ソ連）と日本の明治時代以降の関係の説明として正しいものを，次のアからエのうちから一つ選べ。

ア　日本はロシアと樺太《からふと》・千島《ちしま》交換条約を結び，樺太を日本が領有し，千島列島をロシアが領有するように取り決めた。

イ　第一次世界大戦後にロシア革命が起こると，日本はそれに干渉《かんしょう》するために各国と共同でシベリアに出兵した。

ウ　日本は第二次世界大戦中に日ソ中立条約を締結《ていけつ》し，北方の安全を確保したうえで日中戦争を開始した。

エ　サンフランシスコ平和（講和）条約によって日本の独立が回復されたが，ソ連は日本との平和条約に調印しなかった。

8 次の写真1から3を見て，問1から問4までの各問いに答えよ。

写真1

（ナショナルジオグラフィック HP より作成）

占領《せんりょう》政策を進めるために，連合国軍総司令部（GHQ）の元帥《げんすい》が日本に到着した。

写真2

（日本民間放送連盟『民間放送十年史』より作成）

当時「世界一の自立鉄塔」と呼ばれた，展望台付き電波塔が完成した。

写真3

（共同通信 HP より作成）

戦後の田中内閣のころ，物価が高騰《こうとう》し，対策を求めて主婦たちがデモ行進した。

問1 写真1に関する次の説明文中の空欄《くうらん》に当てはまる語句の組み合わせとして正しいものを，下のアからエのうちから一つ選べ。

説明文

この人物を最高司令官とするGHQの指示により，日本は国民主権，［ A ］，平和主義を三つの大きな原則として掲《かか》げた新たな憲法を制定した。この憲法のもと，国会は衆議院と［ B ］で構成され，民主的な政治がすすめられることとなった。

ア A－基本的人権の尊重 B－参議院
イ A－基本的人権の尊重 B－貴族院
ウ A－天皇の名における司法権 B－参議院
エ A－天皇の名における司法権 B－貴族院

問2 写真2に関して，この電波塔が完成したころを含む1955年から65年は，「高度経済成長」と呼ばれる，経済が急速に発展した時期のうちに入る。この間に関する，左下のグラフが示している事柄《ことがら》として正しいものを，右下のアからエのうちから一つ選べ。

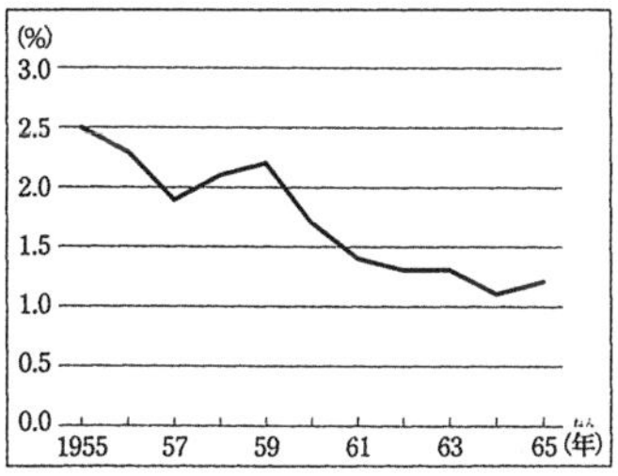

ア テレビ放送を楽しむために人々が購入《こうにゅう》した，白黒テレビの普及の割合。
イ 「もはや戦後ではない」と経済白書で表現された，経済成長率。
ウ 所得倍増政策など好調な経済を背景とした，完全失業率。
エ 東京オリンピックに向けた，全就業者に対する第二次産業の就業者の割合。

問3　写真3の時期に起こった，世界的な不況に関する記述として適当でないものを，次のアからエのうちから一つ選べ。

ア　中東地域での戦争の影響により，石油の価格が大幅に上がったため，日本など先進国は経済的に大きな影響を受けた。

イ　原材料を輸入に頼っている日本では，紙製品や洗剤といった生活必需品《ひつじゅひん》が不足するといわれ，売りおしみや買いだめが起こった。

ウ　日本の企業《きぎょう》は省エネルギー・省資源の経営に努め不況を乗り切ろうとしたと同時に，この時期の数年前に日本ではじめて制定された公害対策の法律への対応が求められた。

エ　急速な景気悪化への対策のために財政赤字が増大した日本の政府は，税収を増やすため新たに3%の消費税を導入した。

問4　写真3のころから，地球環境保全と経済成長の関わりについての課題が世界的に意識されるようになり，その解決にいたる努力がなされている。次のXからZは，その課題解決に向けた考えをまとめたものである。それぞれの考えを，左下の図中のaからdのいずれかに当てはめたときの組み合わせとして最も適当なものを，右下のアからクのうちから一つ選べ。

X
　まずは発展途上国の各国ごとに経済成長をめざし，適切な地球環境保全を行うことができるまで経済力をつけるべきである。

Y
　経済成長をしている国々が発展途上国に技術や資金を提供して，各国の状況に合わせて地球環境保全に優先的に取り組むべきである。

Z
　多数の国が公正な話し合いを行い，合意を得たうえで地球環境保全と経済成長を両立させる方法を検討すべきである。

図

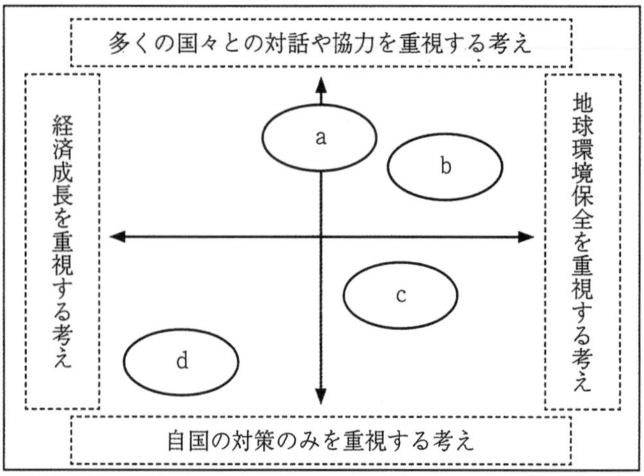

	X	Y	Z
ア	a	b	c
イ	a	c	d
ウ	b	c	d
エ	b	d	a
オ	c	a	b
カ	c	d	b
キ	d	a	c
ク	d	b	a

問4　図3のような，高さ1000 m の直方体の中の空気（以後，空気柱と呼ぶ）を考える。空気塊Aに含まれる水蒸気量〔g/m^3〕が，空気柱に均一に存在していたとする（図3左）。その水蒸気を図3右のようにすべて液体の水にして直下の地面に降らせたとすると，水の厚みXは何 m になるか。最も近い値を次のアからエの中から選べ。ただし，水の密度は1000 kg/m^3（$=1.0 g/cm^3$）とする。

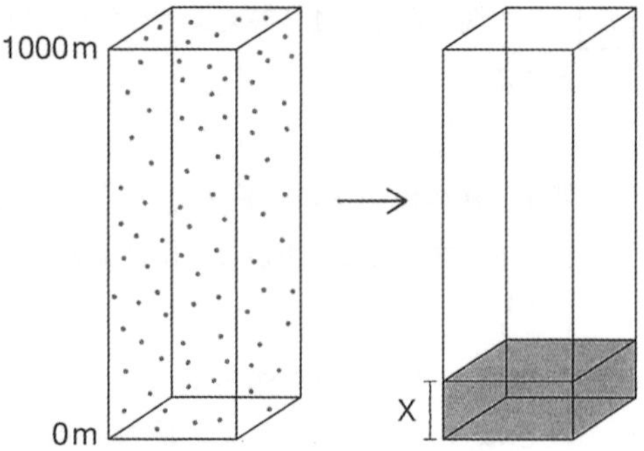

図3

ア　0.03 m　　　イ　0.1 m　　　ウ　0.7 m　　　エ　2 m

問5　狭い範囲《はんい》で1日（24時間）の降水量が1000 mm に迫るような豪雨《ごうう》（以後「局所的な豪雨」と呼ぶ）が発生することがある。この降水量と問4で得られた値から言えることとして最も適当なものを，次のアからウの中から選べ。

ア　問4で考えた空気柱には，1日の局所的な豪雨の総降水量を十分上回る量の水蒸気が含まれているため，空気中のごく一部の水蒸気が雨として降るだけで局所的な豪雨の総降水量を説明することができる。

イ　局所的な豪雨の時には，空気中のほとんどの水蒸気が雨となって地表に降るため，水蒸気を失った後の空気は湿度がほぼ0%になる。

ウ　問4で考えた空気柱に含まれる水蒸気量だけでは1日の局所的な豪雨の総降水量には足りないため，湿度の高い空気が風で運ばれてきて特定の場所に集中して雨を降らせていると考えられる。

5 次の問1から問4に答えよ。ただし，地球上で質量100 gの物体にはたらく重力の大きさを1 Nとする。

問1　次の説明文の空欄（ ① ）から（ ④ ）にあてはまるものとして最も適当なものを下のアからコの中からそれぞれ選べ。ただし，同じ記号を複数回使用してもよい。

地球上で質量6.0 kgの物体について考える。この物体の月面上での質量は（ ① ），重さは（ ② ）であり，重力の影響がない状態（無重力状態）での質量は（ ③ ），重さは（ ④ ）である。ただし，同じ物体にはたらく月面上の重力の大きさは，地球上の重力の大きさの6分の1とする。

ア	60 kg	イ	60 N	ウ	10 kg	エ	10 N	オ	6.0 kg
カ	6.0 N	キ	1.0 kg	ク	1.0 N	ケ	0 kg	コ	0 N

問2　図1のように一端を固定され水平におかれた質量が無視できるばねの他端を大きさ0.20 Nの力で引いたところ，ばねの長さは15.0 cmであった。0.60 Nの力でそのばねを引いたところ，ばねの長さは18.2 cmになった。
このばねを大きさ1.3 Nの力で引いたとき，ばねののびは，[アイ].[ウ] cmである。

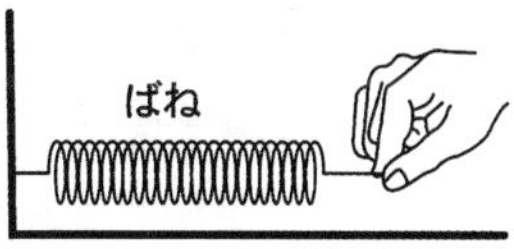

図1

問3　図2のように台はかりに質量100 gの物体Aがおかれ，その上に質量600 gの物体Bがおかれている。物体Bにはばねがつけられており，そのばねは1 Nの力を作用させると1.5 cmのびる。このばねを手で真上に引いていくと台はかりの目盛りの読みは変化した。ただし，ばねの質量は無視できるものとする。
次の[ア]から[オ]に適当な数値を入れよ。

（i）ばねがのびていないとき，台はかりが物体Aを押す力の大きさは[ア]N，物体Aが物体Bを押す力の大きさは[イ]Nである。

（ii）ばねののびが3.0 cmのとき，物体Aが物体Bを押す力の大きさは[ウ]Nである。

（iii）台はかりが200 gを示しているとき，ばねののびは[エ].[オ] cmである。

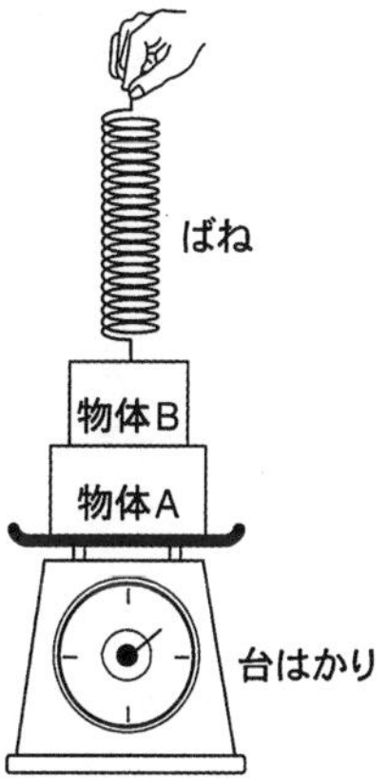

図2

問4　質量が無視できるばねAとばねBがある。それぞれのばねに力を加えてばねをのばしたところ図3のような結果が得られた。グラフで示した力の大きさ以上でもばねは壊れず，ばねの特性は失われないものとする。次の[ア]から[カ]に適当な数値を入れよ。

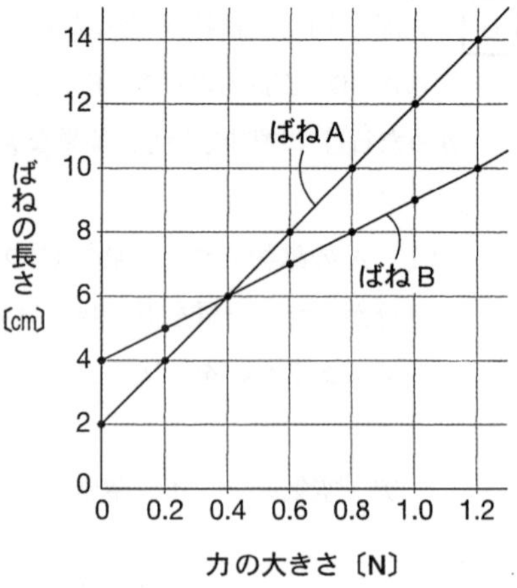

図3

（i）ばねAとばねBを直列につないでばねCをつくった。このばねの長さが18 cmのとき，ばねCに作用している力の大きさはいくらか。

[ア].[イ]N

（ii）図4のように天井《てんじょう》から質量が無視できる糸で質量が無視できる棒をつるし，その棒の両端にばねAとばねBをつるし，それぞれに質量の異なるおもりをつけたところ，ばねAののびは8 cm，ばねBののびは10 cmで，棒は水平な状態になった。

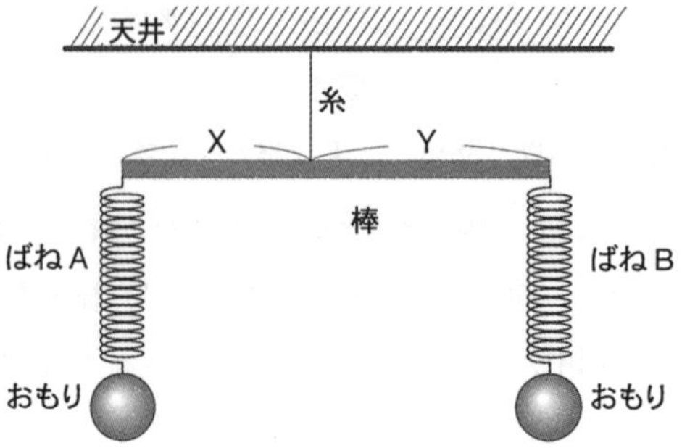

図4

このとき，支点からそれぞれのばねをつけた位置までの長さXとYの比はいくらになるか。最も簡単な整数の比であらわすと，X：Y　＝　[ウ]：[エ]である。

また，このとき糸が棒を引く力の大きさは[オ].[カ]Nである。

6 太郎くんは，理科室にあった6つの試料AからF［A：石英，B：ある火山の火山灰，C：チャートのれき，D：玄武岩のれき，E：花こう岩のれき，F：恐竜《きょうりゅう》の胃石（恐竜が飲み込み，胃の中から見つかった石)］に興味を持ち，簡単な実験や観察を試みた。次の問1から問4に答えよ。

問1　Aの鉱物をつくる物質について調べたところ，二酸化ケイ素という化合物であることが分かった。物質を混合物，単体，化合物に分類するとき，二酸化ケイ素のように化合物にあてはまるものを，次のアからオの中から選べ。

ア　空気　　イ　窒素　　ウ　アルミニウム　　エ　食塩水　　オ　アンモニア

問2　Bの火山灰を顕《けん》微《び》鏡《きょう》で観察し，鉱物の種類を調べたところ，図1のような結果を得た。火山灰にしめる有色鉱物の割合として正しいものを，下のアからカの中から選べ。

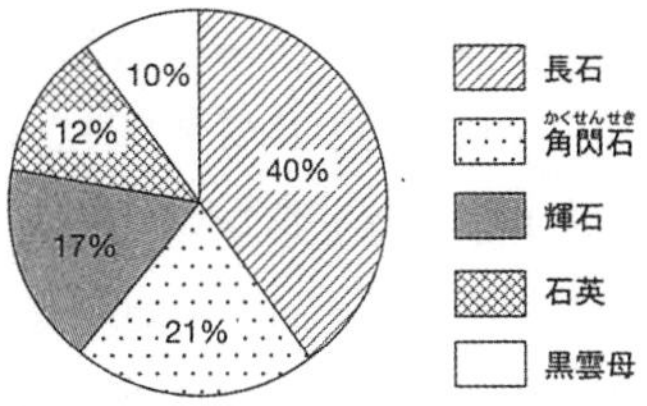

図1

ア　27%　　イ　31%　　ウ　38%　　エ　48%　　オ　52%　　カ　61%

問3　CからEのれきについて，密度を測定するために，軽いひもでしばり，図2のようにビーカー中の水につけた。図2はCのれきを水につけた様子を表したもので，それぞれの状態で電子てんびんは図中の数値（g表示）を示した。下の1から3に答えよ。

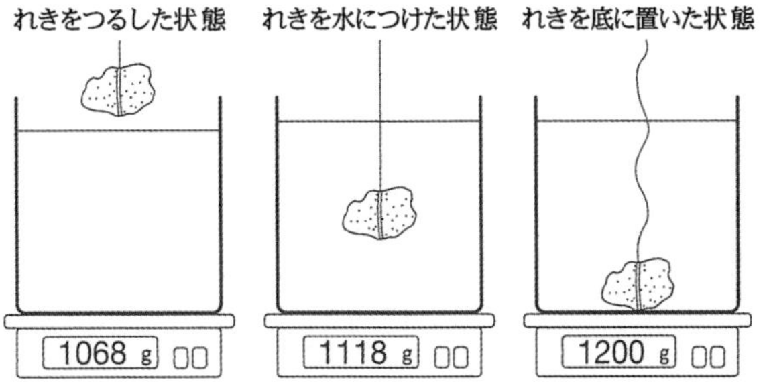

図2

1　Cは生物の死がいが堆積してできた岩石である。同様に，生物の死がいが堆積してできた岩石として正しいものはどれか。次のアからエの中から選べ。

ア　角閃石　　イ　石灰岩　　ウ　凝灰《ぎょうかい》岩　　エ　はんれい岩

2　図2中央のように，れきを水につけた状態で静止させた。れきの表面に泡は見られなかった。この状態で，れきにはたらく浮力として，最も適当なものはどれか。次のアからオの中から選べ。ただし，100 g の物体にはたらく重力の大きさを1Nとする。

ア　0.5 N　　イ　0.8 N　　ウ　1.1 N　　エ　1.3 N　　オ　1.8 N

3　図3に示したDとEのれきの密度を求めたところ，それぞれ2.11 g/cm^3，2.72 g/cm^3 であった。太郎くんはその結果が気になり，玄武岩と花こう岩の一般的な密度を調べたところ，それぞれ3.0 g/cm^3 前後，2.7 g/cm^3 前後と分かった。測定した玄武岩の密度が，一般的なものより小さかった原因を説明した文として最も適当なものを，下のアからオの中から選べ。

図3

ア　測定した玄武岩のれきは長細かったので，一般的な密度より小さかった。

イ　測定した玄武岩のれきは白かったので，一般的な密度より小さかった。

ウ　測定した玄武岩のれきは黒かったので，一般的な密度より小さかった。

エ　測定した玄武岩のれきは空洞が多かったので，一般的な密度より小さかった。

オ　測定した玄武岩のれきの形は角がとれて丸かったので，一般的な密度より小さかった。

問4　Fの胃石について観察したところ，Cと同じ，かたいチャートでできており，Dのれきのように角がとれていた。このような観察結果をもとに胃石の役割を推測した。この恐竜が生息した時代と胃石の役割の組み合わせとして正しいものを，次のアからエの中から選べ。

	生息した時代	胃石の役割
ア	古生代	胃の酸を中和して，胃を守る。
イ	古生代	歯ですりつぶせない食べ物を，胃の中ですりつぶす。
ウ	中生代	胃の酸を中和して，胃を守る。
エ	中生代	歯ですりつぶせない食べ物を，胃の中ですりつぶす。

7 電気分解装置，電源装置，抵抗《ていこう》器，電圧計，電流計を用いて図1のような回路を組んだ。装置X は電圧計，電流計のどちらかである。図2に示すように，方位磁針の上を導線が通るようにし，電気分解装置には質量パーセント濃度《のうど》が2.5%の塩酸を入れた。電圧をかけると，陽極と陰極ではそれぞれ気体A，Bが発生し，陽極の気体Aは陰極の気体Bより少ないところまでしか集まらなかった。気体の発生する変化に，水は直接関わっていないものとして，下の問1から問7に答えよ。

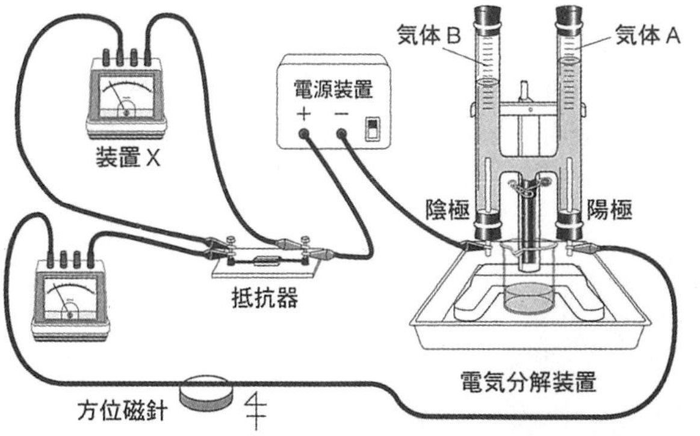

図1

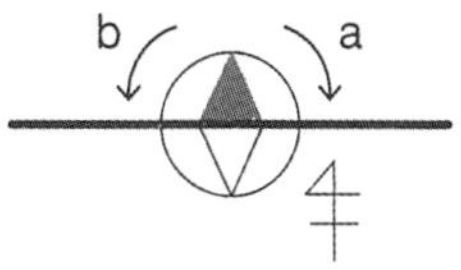

図2

問1　質量パーセント濃度が36%の濃《のう》塩酸がある。この濃塩酸と水を混合し電気分解で使用する2.5%の水溶液を作るためには，濃塩酸100gに対して水は何g必要か。整数で答えよ。

[アイウエ] g

問2　次の水溶液のうち，塩酸と同様に溶質が気体である水溶液の場合は○，溶質が気体でない水溶液の場合は×を選んだ組み合わせとして，適切なものはどれか。次のアからコの中から選べ。

	ア	イ	ウ	エ	オ	カ	キ	ク	ケ	コ
水酸化ナトリウム水溶液	○	○	○	○	○	×	×	○	×	×
炭酸水	○	○	×	○	×	○	○	×	○	×
アンモニア水	○	○	○	×	×	○	○	×	×	×
硝酸《しょうさん》カリウム水溶液	○	×	○	×	×	○	×	○	×	○

問３　電流を流す前の方位磁針を見ると，図２のようであった。実際に電流を流したところ，方位磁針の針の向きは変わらなかった。これを説明した次のアからオの中から最も適当なものを選べ。

ア　電流が大きければａの方向に針は振れるはずだが，電流が小さいので振れなかった。

イ　電流が大きければｂの方向に針は振れるはずだが，電流が小さいので振れなかった。

ウ　地磁気の強さが大きければａの方向に針は振れるはずだが，地磁気の強さが小さいので振れなかった。

エ　地磁気の強さが大きければｂの方向に針は振れるはずだが，地磁気の強さが小さいので振れなかった。

オ　電流が大きくても小さくても，針は振れない向きに置かれていた。

問４　塩酸に電流を流すことによって起きた変化を，原子のモデルを用いて表したものとして適切なものを次のアからオの中から選べ。ただし，●と○は原子１個を表すものとし，●と○は種類の異なる原子であることを示しており，必要最小限の個数の原子のモデルを用いている。

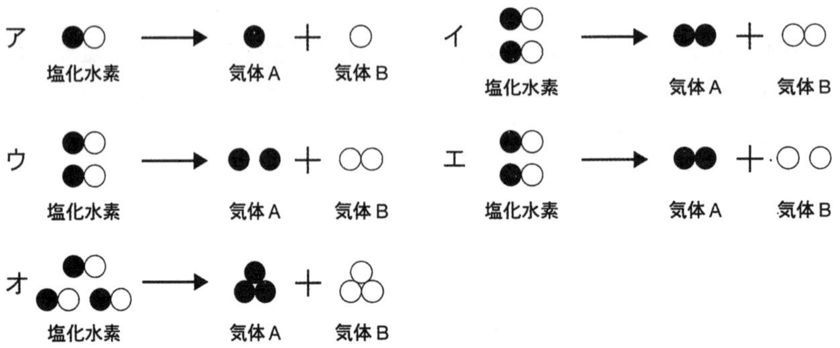

問５　電源装置の電圧は 20 V を示し，電圧計は 17 V，電流計は 100 mA を示していた。装置Ｘは何か。また，この抵抗器の抵抗の大きさはいくらか。正しい組み合わせを次のアからケの中から選べ。

	ア	イ	ウ	エ	カ	キ	ク	ケ
装置Ｘ	電圧計	電圧計	電圧計	電圧計	電流計	電流計	電流計	電流計
抵抗の大きさ〔Ω〕	200	170	20	17	200	170	20	17

問６　抵抗器の抵抗の大きさを２倍のものに取り替えて同じ実験をした。抵抗器を取り替える前に比べて，電流計の示す値はどうなるか。次のアからオの中から選べ。ただし，流れる電流が変化しても，電気分解装置全体の抵抗は変化しないものとする。

ア　２倍になる

イ　１倍から２倍の間の値になる

ウ　１倍になる（変わらない）

エ　半分から１倍の間の値になる

オ　半分になる

問７　次の文は，電気分解装置において陽極と陰極で気体が発生している仕組みを説明したものである。空欄（　①　）から（　⑥　）に当てはまる語句として適切なものを下のアからケの中からそれぞれ選べ。同じ記号を複数回使用してもよい。

陽極では水溶液中の（　①　）が（　②　）を（　③　）。
陰極では水溶液中の（　④　）が（　⑤　）を（　⑥　）。

ア　水素イオン　　イ　塩化物イオン　　ウ　水素分子　　エ　塩素分子
オ　受けとる　　カ　失う　　キ　陽子　　ク　電子
ケ　中性子

［計算用紙］

6 次の文章をよく読んで，後の問いに答えなさい。

On a boat, a team of scientists is helping a turtle. The turtle is having some trouble, and the scientists find the reason. There is something in its nose. One of the scientists tries to take it out. Finally, after eight long minutes, something long is taken out of the turtle's nose. It is a long plastic straw.

A lot of people have watched the video of the turtle on the Internet. Now people understand better about this problem. [1] Since 2000, the production of plastic has increased all over the world, but [2]. A lot of plastic waste goes into the ocean. Today, scientists think about eight million tons goes into the sea every year. Most of this plastic will never disappear from the oceans.

This ocean plastic hurts a lot of sea animals every year. Some fish eat plastic because [3] or it's covered with sea plants. Some scientists believe that eating a lot of plastic leads to hunger. After sea animals eat a lot of plastic, [4]. In some cases, eating sharp pieces of plastic can hurt sea animals and can even kill them.

Plastic is useful to people because [5], but this is dangerous for sea animals. The scientist said, "The biggest problem is that the plastic items are designed to be thrown away after they are used." For example, we use straws, water bottles, and plastic bags [6]. About seven hundred different kinds of sea animals have eaten these plastic items. The turtle was lucky because it was rescued and returned to the ocean.

How will plastic waste affect sea animals in the future? "I think we'll know the answers in five to ten years," said the scientist. But by then, a lot more plastic waste will already be in the ocean.

（注） turtle カメ　straw ストロー　production 生産　million 百万
ton トン（重さの単位）　(be) covered with ～　～に覆《おお》われる
lead to hunger 飢《き》餓《が》をもたらす　sharp 鋭い　item 品物
affect ～に影響する

問1　本文中の空所 [1] に入れるのに適切なものを次のア～ウの中から一つ選びなさい。

ア　The world's seas are full of plastic.

イ　Turtles have disappeared from the cities.

ウ　Every country is trying to take plastic out of the sea.

問2　本文中の空所 [2] に入れるのに適切なものを次のア～ウの中から一つ選びなさい。

ア　we reuse all of our plastic waste

イ　we recycle only about 20% of it

ウ　we have decided to give up our easy life

問3　本文中の空所 [3] に入れるのに適切なものを次のア～ウの中から一つ選びなさい。

ア　it's very hungry and delicious

イ　they know it's dangerous to eat

ウ　it looks like food

問4　本文中の空所 [4] に入れるのに適切なものを次のア～ウの中から一つ選びなさい。

ア　they become strong and they live longer than we think

イ　their stomachs are full but they don't get enough energy to live

ウ　they still feel hungry and they try to take it out of their noses

問5　本文中の空所 [5] に入れるのに適切なものを次のア～ウの中から一つ選びなさい。

ア　it is strong and not easily broken

イ　it breaks into pieces quickly and we can rescue it

ウ　they don't usually throw away a lot of waste into the ocean

問6　本文中の空所 [6] に入れるのに適切なものを次のア～ウの中から一つ選びなさい。

ア　to reduce sea animals in the world

イ　only once before we throw them away

ウ　to find the problems in our environment

問7　本文の内容と合うものを次のア～ウの中から一つ選びなさい。

ア　Plastic waste is a serious problem in the oceans.

イ　The turtle in the video died when it ate a plastic straw.

ウ　Plastic items in the oceans save a lot of sea animals.

（このページ以降は余白です。）

2021(R3) 国立高専
K 教英出版

(2) 図1の n 段目において，左から3番目の数を A とし，左から4番目の数を B とする。このとき，A，B は n を用いて

$A=$ [カ] $n-$ [キ]，　　$B=$ [ク] $n-$ [ケ]

と表される。$AB=1482$ であるとき，n の値は [コ] である。

(3) 図1の n 段目にあるすべての自然数の和が 861 になった。このとき，n の値は [サシ] である。

3 ある列車が停止した状態から出発し，x 秒後には y m 進んだ位置にいる。$0 \leqq x \leqq 100$ では $y = 0.35x^2$ という関係があり，100 秒後には出発地点から 3500 m 進んだ位置にいる。また，出発してから 100 秒以上経過したあとは一定の速さで進み，200 秒後には出発地点から 10500 m 進んだ位置にいる。

このとき，次の各問いに答えなさい。

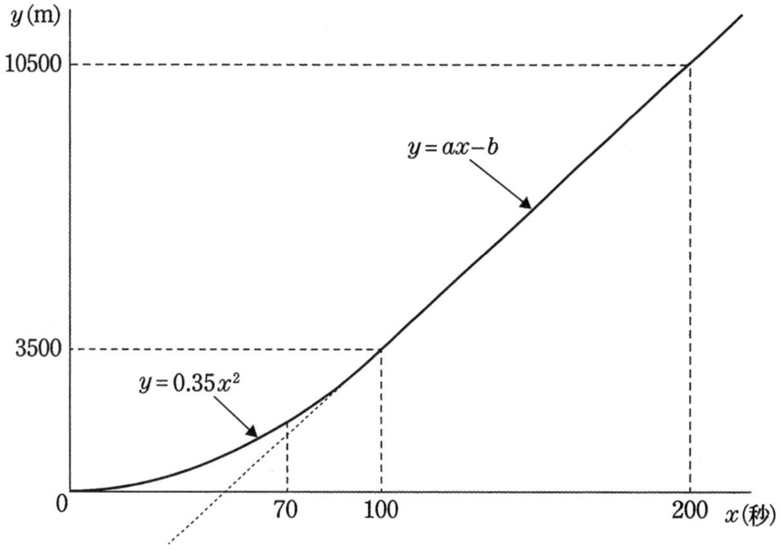

(1) 出発してから 100 秒以上経過したあとは，$y = ax - b$ という関係があり，$a =$ **アイ** ，$b =$ **ウエオカ** である。また，出発してから 100 秒以上経過したとき，列車は時速 **キクケ** km で走る。

(2)　$x=70$ のとき，$y=$ **コサシス** である。このとき，列車の先頭が，あるトンネルに入った。列車が完全にトンネルから出たのは出発してから 216 秒後であったという。列車の全長が 420 m のとき，先頭部分がトンネルから出るのは出発してから **セソタ** 秒後であり，トンネルの長さは **チツテト** m である。

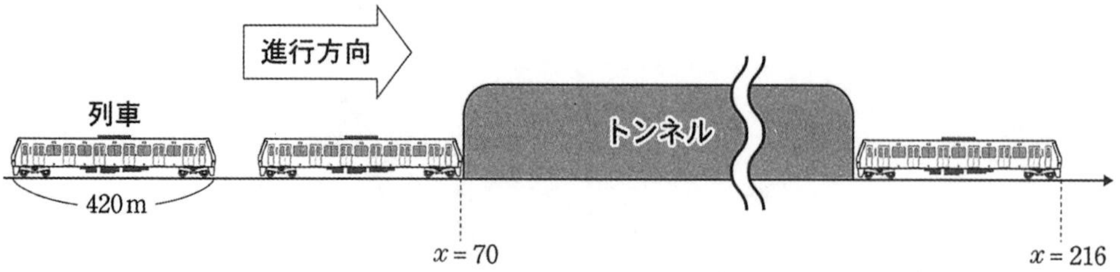

4 下の図のように，AB＝AC である二等辺三角形 ABC と正方形 ACDE がある。線分 BE と線分 AD の交点を F とし，線分 CE と線分 AD の交点を G とする。点 A から辺 BC に垂線を引き，その交点を H とする。

BC＝4，∠BAC＝45°，∠ABE＝$\angle x$，∠BAH＝$\angle y$ のとき，次の各問いに答えなさい。

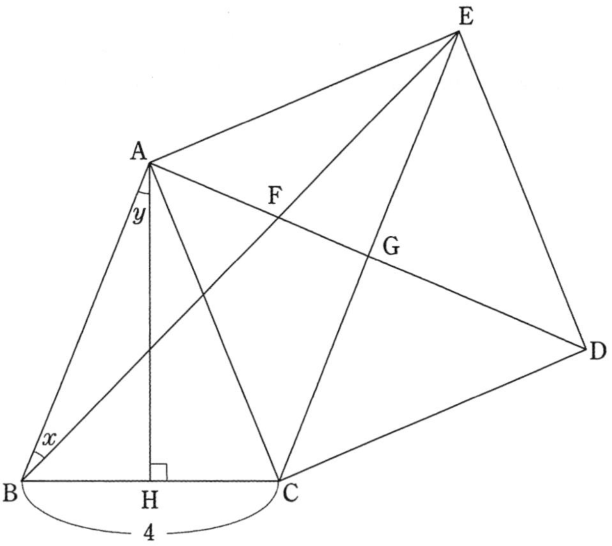

(1) △ABE において，三角形の内角の和は 180° であるから，$\angle x + \angle y$＝ アイ °である。

(2)　∠BEC＝ ウエ . オ °である。

(3)　△ABC と△DEF において

AB＝DE

∠BAC＝∠EDF＝45°

∠ABC＝∠DEF＝ カキ . ク °

である。よって，2 つの三角形は合同であり，EF＝ ケ である。

(4)　△AEF の面積は コ である。

（このページ以降は余白です。）

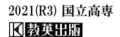

令和３年度入学者選抜学力検査問題

数　　学　(50分)

(配　点)	$\boxed{1}$　40点	$\boxed{2}$　20点	$\boxed{3}$　20点	$\boxed{4}$　20点

(注意事《じ》項《こう》)

1　問題冊子は指示があるまで開かないこと。

2　問題冊子は１ページから12ページまである。検査開始の合図のあとで確かめること。

3　検査中に問題冊子の印刷不鮮明，ページの落丁・乱丁及び解答用紙の汚れ等に気づいた場合は，静かに手を高く挙げて監督《かんとく》者に知らせること。

4　解答用紙に氏名と受検番号を記入し，受検番号と一致《いっち》したマーク部分を塗りつぶすこと。受検番号が「0（ゼロ）」から始まる場合は，0（ゼロ）を塗《ぬ》りつぶすこと。

5　解答には，必ずＨＢの**黒鉛筆**を使用すること。なお，解答用紙に必要事項が正しく記入されていない場合，または解答用紙に記載してある「マーク部分塗りつぶしの見本」のとおりにマーク部分が塗りつぶされていない場合は，解答が無効になることがある。

6　一つの解答欄《らん》に対して複数のマーク部分を塗りつぶしている場合，または指定された解答欄以外のマーク部分を塗りつぶしている場合は，有効な解答にはならない。

7　解答を訂正《ていせい》するときは，きれいに消して，消しくずを残さないこと。

8　定規，コンパス，ものさし，分度器及び計算機は用いないこと。

9　問題の文中の $\boxed{\text{アイ}}$，$\boxed{\text{ウ}}$ などには，特に指示がないかぎり，負の符号（－）または数字（0～9）が入り，ア，イ，ウの一つ一つは，これらのいずれか一つに対応する。それらを解答用紙のア，イ，ウで示された解答欄に，マーク部分を塗りつぶして解答すること。

例　$\boxed{\text{アイウ}}$ に
－83と解答するとき

(1)	ア	●	⓪	①	②	③	④	⑤	⑥	⑦	⑧	⑨
	イ	⊖	⓪	①	②	③	④	⑤	⑥	⑦	●	⑨
	ウ	⊖	⓪	①	②	●	④	⑤	⑥	⑦	⑧	⑨

10　解答は解答欄の形で解答すること。例えば，解答が $\frac{2}{5}$ のとき，解答欄が $\boxed{\text{エ}}.\boxed{\text{オ}}$ ならば 0.4 として解答すること。

11　分数の形の解答は，それ以上約分できない形で解答すること。例えば，$\frac{2}{3}$ を $\frac{4}{6}$ と解答しても正解にはならない。また，解答に負の符号がつく場合は，負の符号は，分子につけ，分母にはつけないこと。例えば，$\dfrac{\boxed{\text{カキ}}}{\boxed{\text{ク}}}$ に $-\frac{3}{4}$ と解答したいときは，$\frac{-3}{4}$ として解答すること。

12　根号を含《ふく》む形で解答する場合，根号の中に現れる自然数が最小となる形で解答すること。例えば，$4\sqrt{2}$ を $2\sqrt{8}$ と解答しても正解にはならない。

けているということ。

イ 地球全体で見れば、物質の動きはバランスが取れているが、地域的に細かく系を設定した場合は、物質循環の定常状態が著しく乱れている地域もあるということ。

ウ 地球に外部から物質が流れ込むことはほとんどないが、地球上の物質の動きは、太陽からのエネルギーや地球自体の動きに伴う影響を受け続けているということ。

エ 地球全体を視野に入れると、物質の動きについての定常状態は地球誕生時からほとんど変化していないが、変化を促《うなが》す要因は少しずつ蓄積《ちくせき》されているということ。

問6 本文中に、(4)地球という系においてホメオスタシスないし恒常性という性質がこれまであったとしても、未来永劫であり続ける保証はない。とあるが、どういうことか。その説明として最も適当なものを、次の**ア**から**エ**までの中から一つ選べ。

ア 地球上の自然環境は、人間の働きかけに応じて人間が生きるために必要な物質を供給し続けてきたが、永遠に物質の供給が続いていくはずはないということ。

イ これまで地球環境は生物と無生物が安定した関係を結び、生物が住むのに適した状態を保ってきたが、今後も永遠にその状態が続くとは限らないということ。

ウ 太陽のエネルギーのおかげで、地球の物質循環は動きを止めず、生物も生き続けてきたが、そのエネルギーが減少すれば生物は絶滅するしかないということ。

エ どのような地球環境の変動も、今までのところ、長期的に見れば元の定常状態に戻ってきたと言えるが、これからも同じ状態が続くわけではないということ。

問7 本文中に、(5)ホメオスタシスという性質が常に保証されていると想定することはあまりにも楽観的に過ぎる。とあるが、なぜそう言えるのか。その説明として最も適当なものを、次の**ア**から**エ**までの中から一つ選べ。

ア 人類が地球環境に変化をもたらした結果、大気圏の状態に変化が生じ、太陽自体の発熱量も減少して寒冷化していくかもしれないから。

イ 人類が地球環境に変化をもたらした結果、新たな物質が生成されることにより、地球を循環する物質の量が増加するかもしれないから。

ウ 人類が地球環境に変化をもたらした結果、人類だけは生き残れるが、それ以外の生物は恐竜のように絶滅してしまうかもしれないから。

エ 人類が地球環境に変化をもたらした結果、地球上の物質循環に大きな変化が生じ、人類そのものの生存が困難になるかもしれないから。

4

次の文章を読んで、後の問いに答えよ。

高校二年生の美緒《みお》は、合唱部の友人にからかわれたことがきっかけで、学校に行けなくなった。母との行き違いから、美緒は衝動的に家を飛び出し、祖父の住む盛岡《もりおか》に行く。祖父は毛織物の工房《こうぼう》を営んでおり、美緒はしばらくの間、羊毛を紡《つむ》いで手織りの毛織物を仕立てる作業を学ぶことになった。

祖父が発送する荷物は大量のスプーンだった。長年、日本と世界のさまざまな土地に行くたびにこつこつ集めてきたもので、木材や金属などでつくられたものが一本ずつ仕切られたケースに整然と納まっていた。

「いつかこのコレクションを持って旅に出ようと思っていた。」

銀色のスプーンをクロス（注1）で磨きながら、祖父が笑った。

「路上に絨毯《じゅうたん》を敷いて、さじをずらりと並べて買ってもらおうかと。興味を持った人にはA来歴を披露《ひろう》する。どこの産か、どうやって手にいれたか、どこが魅力《みりょく》か。のんびり客と話をしながら、さじの行商をするんだ。」

「荷物運びとかいらない？　そしたら、私もすみっこにいる。」

「体力的にもう無理だな。一度ぐらいやってみてもよかった。」

祖父が今度は木製のスプーンを布で拭《ふ》いた。素朴《そぼく》な木目をいかしたスプーンで、コーンスープやシチューをすくって食べたらおいしそうだ。

「でも、良い落ち着き先が見つかったんだ。若い友人が料理屋を開くので、彼女に譲《ゆず》る。好きなさじを客が選んで食事をする仕組みにすると言っていた。」

鉱物に本、絨毯や織物。他にも祖父が集めているものはたくさんある。染め場の奥にはエアコンで常に温度と湿度の管理をしているコレクション用の部屋があるほどだ。

「どうしてスプーンを集めたの？」

「口当たりの良さを追求したかったのと、あとはバランスだな。良い職人が削ったさじは軽くて美しい。手に持ったときのバランスが気持ちいいんだ。そのさじで食事をすると軽やかでな。天上の食べものを口にしている気分になる。(1)同じことは私たちの仕事にも言える。」

「スプーンと布って、全然別物っぽく思えるけど……。」

祖父が手を止めると、奥の部屋に歩いていった。すぐに戻ってくると、手には紺《こん》色のジャケットを抱えていた。生地はホームスパン（注2）だ。

「おじいちゃんのジャケット？」

「そうだ。お祖母《ばあ》ちゃんが織ったものだ。持ってごらん。」

渡されたジャケットは、見た目よりうんと軽く感じた。
「あれ？　軽いね。」
「それでもダウンジャケットにくらべると若干《じゃっかん》重いがな。」
ジャケットを羽織ってみるようにと祖父がすすめた。
袖《そで》に腕を通したとたん、「あれ？」と再び声が出た。手で感じた重量が身体に伝わってこない。肩にも背中にも重みがかからず、着心地がたいそう軽やかだ。それなのに服に守られている安心感がある。
「手で持ったときより、うんと軽い。」
「手紡ぎ、手織りの糸は空気をたくさんはらむから軽くて温かい。身体に触れる布の感触が柔らかいから、着心地が軽快になる。さじにかぎらず、良い職人の仕事は調和と均衡《きんこう》が取れていて心地よいんだ。音楽で言えば」
「ハーモニー？　もしかして。」
「そうだ、よくわかったな。」
「私、中学からずっと合唱部に入ってたの。」
祖父にジャケットを返すと、慈《いつく》しむようにして大きな手が生地を撫《な》でた。
「美緒は音楽が好きなんだな。」
あらためて考えると、合唱はそれほど好きでもなかった。
熱心に部に勧誘《かんゆう》されたことが嬉《うれ》しかった。合唱部はみんな仲が良さそうに見えたから、その輪に入っていると安心できただけだ。
「部活、そんなに好きじゃなかったかも。なんか……(2)私って本当に駄目《だめ》だな。」
ジャケットを傍《かたわ》らに置くと、祖父がスプーンの梱包《こんぽう》作業に戻った。
「この間、(注3)汚毛《おもう》を洗っただろう？　どうだった？　ずいぶんフンをいやがっていたが。」
「臭《くさ》いと思ったけど、洗い上がりを見たら気分が上がった。真っ白でフカフカしてて。いいかも、って思った。汚毛、好きかも。」
そうだろう、と祖父が面白そうに言った。
「美緒も似たようなものだ。自分の性分について考えるのは良いことだが、悪いところばかりを見るのは、汚毛のフンばかり見るのと同じことだ。」
祖父が何を言い出したのかわからず、美緒は作業の手を止める。赤い漆《うるし》塗《ぬ》りのスプーンを取り、祖父が軽く振る。

「学校に行こうとすると腹を壊す。それほどの繊細さがある。良いも悪いもない。駄目でもない。そういう性分が自分のなかにある。ただ、それだけだ。それが許せないと責めるより、一度、(3)丁寧《ていねい》に自分の全体を洗ってみて、その性分を活《い》かす方向を考えたらどうだ？」

「活かすって？　どういうこと？　そんなのできるわけないよ。」

「そうだろうか？　繊細な性分は、B人の気持ちのあやをすくいとれる。ものごとを注意深く見られるし、集中すれば思わぬ力を発揮することもある。へこみとは、逆から見れば突出した場所だ。悪い所ばかり見ていないで、自分の良い点も探してみたらどうだ？」

「ない。そんなの。」

「即答だな。」

祖父がスプーンに目を落とした。

「だって、ないから。自分のことだから、よくわかってる。」

それは本当か、と祖父が声を強めた。

「本当に自分のことを知っているか？　何が好きだ？　どんな色、どんな感触、どんな味や音、香《かお》りが好きだ。何をするとお前の心は喜ぶ？　心の底からわくわくするものは何だ。」

「待って。そんなの急にいっぱい聞かれても」

「ほら、何も知らない。いやなところなら、いくらでもあげられるのに。」

からかうような祖父の口調に、美緒は顔をしかめる。

「そんなしかめ面《つら》をしないで、自分はどんな『好き』でできているのか探して、身体の中も外もそれで満たしてみろ。」

「好きなことばっかりしてたら駄目にならない？　苦手なことは鍛《きた》えて克服《こくふく》しないと……。」

「なら聞くが。責めてばかりで向上したのか？　鍛えたつもりが壊れてしまった。それがお前の腹じゃないのか。大事なもののための我慢《がまん》は自分を磨く。ただ、つらいだけの我慢は命が削られていくだけだ。」

祖父がテーブルに並べたスプーンを指差した。

「(4)手始めに、気に入ったさじがあったら、それで食事をしてみろ。良いさじで食物を口に運ぶ感触をとことん味わってごらん。」

「えっ、でも……。」

戸惑いながらも梱包していないスプーンと、コレクションが納まった箱を美緒は一つずつ見る。祖父が集めたものは、どれも色や形が美しい。そしておそらく外見のほかにも祖父の心をとらえた何かがある——。しだいに興味がわいてきて、次々とスプーンが入った箱を開けて見る。

木材、金属、動物の角。さまざまな材質のスプーンを持ったあと、最後に残った箱を開けた。

赤や黒、赤紫色に塗られた木製のスプーンが出てきた。

無地もあるが、金箔《きんぱく》などで模様が描かれたものや、虹《にじ》色に輝く装飾《そうしょく》が施されているものもある。

一本、一本見ていくなかで、シンプルな黒塗りのスプーンに心惹《ひ》かれた。手にすると、スプーンの先から柄《え》に向かって、真珠色の光が走った。

「おじいちゃん、これはうるし?」

祖父はうなずいた。

「これがいい、これが好き。おじいちゃん、このスプーンをください。」

「美緒はこれが好きか。どうしてこれを選んだ?」

「直感? 何かいい感じ。」

祖父の目がやさしげにゆるんだ。目を細めるとやさしく見えるところは、(注4)太一と似ている。

ほめられているような眼差《まなざ》しに心が弾み、黒いスプーンを見る。

幼い頃《ころ》、壁《かべ》にかかった視力検査表で視力を調べられたことがある。

(5)黒いスプーンを右目に当て、おどけてみた。

「視力検査……。」

一瞬、不審《ふしん》そうな顔をしたが、祖父はすぐに横を向いた。口もとに軽くこぶしを当てて、笑っている。

おどけた自分が猛烈《もうれつ》に恥ずかしくなり、美緒はスプーンを握った手を膝《ひざ》に置く。

たいして面白くもないだろうに、祖父は目を細めてまだ笑っていた。

(伊吹有喜《いぶきゆき》『雲を紡ぐ』文藝春秋刊による)

(注1)クロス=布。　(注2)ホームスパン=手で紡いだ太い羊毛糸を手織りにした厚手の織物。

(注3)汚毛=フンなどがついて汚れている、まだ洗っていない羊毛。　(注4)太一=美緒の「またいとこ」で、工房を手伝う大学生。

問1　本文中の、A来歴を披露する、B人の気持ちのあやをすくいとれるの意味として適当なものを、次の**ア**から**エ**までの中から一つ選べ。

A　**ア**　これまでたどってきた経過や歴史を語って聞かせる。　**イ**　素材や作られた工程について細かく語って聞かせる。

　ウ　作り手が経験してきた人生の道筋を語って聞かせる。　**エ**　どんなところが魅力なのかくわしく語って聞かせる。

B　**ア**　人の感情を読み取って相手に合わせて話すことができる。　**イ**　人が言われて嫌になる言葉を予測し避《さ》けることができる。

　ウ　人の心の動きを細かいところまで思いやることができる。　**エ**　人が不安に感じている様子を察して慰《なぐさ》めることができる。

問2　本文中に、(1)同じことは私たちの仕事にも言える。とあるが、どういうことか。その説明として最も適当なものを、次の**ア**から**エ**までの中から一つ選べ。

ア　優れた職人は、良い品を熱心に探して愛用するコレクターによって育てられる。

イ　優れた職人が作り上げた品はバランスが取れており、軽やかで使い心地がよい。

ウ　優れた職人は、使い続けるうちに天上のもののように軽くなっていく品を作る。

エ　優れた職人が作り上げる品は、見た目の美しさよりも使い心地を優先している。

問3　本文中に、(2)私って本当に駄目だな。とあるが、ここでの美緒の気持ちの説明として最も適当なものを、次の**ア**から**エ**までの中から一つ選べ。

ア　仲が良くて楽しそうだと思って入った合唱部の輪に入れず、時間を無駄《むだ》にしてしまったと後悔した。

イ　勧誘されるまま合唱部に入った経緯《けいい》を思い出し、一人で決められない自分の決断力のなさを恥じた。

ウ　合唱が好きでもないのに部活に参加していたのは不誠実だと気づいて、部員に申し訳ないと思った。

エ　合唱が好きだという動機もないままに、ずっと合唱部にいただけの自分に気づいて情けなくなった。

問4　本文中に、(3)丁寧に自分の全体を洗ってみて、とあるが、どういうことか。その説明として最も適当なものを、次の**ア**から**エ**までの中から一つ選べ。

ア　嬉しいこともつらいことも体験してきた過去を振り返り、自分が何に喜びを感じるのか改めて考えて、自分を心地よさで満たしてみること。

イ　長所を覆《おお》い隠していた欠点を、汚毛の汚れを洗うように一つ一つ取り除くことで、本来持っている長所がはっきりと見えるようにすること。

ウ　いいところと悪いところが混じり合っている自分自身をよく観察し、様々な面を細かく見つめ直して、改めて自分について考えてみること。

エ　完璧《かんぺき》な人間であろうとするあまり自分を責めてばかりいた、過去の暗い気持ちを洗い流し、前向きな明るい気持ちを取り戻そうとすること。

問5　本文中に、(4)手始めに、気に入ったさじがあったら、それで食事をしてみろ。とあるが、この時の祖父の意図はどういうものか。その説明として最も適当なものを、次の**ア**から**エ**までの中から一つ選べ。

ア　落ち込んで食が進まない美緒を案じ、気に入ったさじを使わせることで食べる意欲を取り戻させ、元気づけようとしている。

イ　気に入ったものを見つけて実際に使うことを通して、自分の心が好きなものに向かっていく喜びを体感させようとしている。

ウ　職人が丹精を込めて作り上げた品を使わせることで刺激を与え、美緒自身のものづくりに対する意欲を高めようとしている。

エ　優れた道具を普段使いさせることで、長年使うことでしか得られない手仕事ならではの味わいを感じ取らせようとしている。

問6　本文中に、(5)黒いスプーンを右目に当て、おどけてみた。とあるが、このときの美緒の様子の説明として最も適当なものを、次の**ア**から**エ**までの中から一つ選べ。

ア　自分をほめてくれているような祖父の反応にうれしくなって、いつになく気分が高まり、ついつい子供っぽくふざけてみせた。

イ　自分の思いを受け止めてもらえたことに安心して、幼い頃の気分がよみがえり、わざと子供のようにふるまって祖父に甘《あま》えた。

ウ　素直に自分の感想を言ってしまったことが恥ずかしくて、おどけたふりをして顔を隠し、照れている自分を悟られまいとした。

エ　高価なものの価値をよく知る祖父に、品質を見抜く力を認められたことが誇らしくて、見る目のある自分を自慢《じまん》したくなった。

問7　本文の記述に関する説明として最も適当なものを、次の**ア**から**エ**までの中から一つ選べ。

ア　人とうまく関われない孫娘と、好きなことを貫《つらぬ》く祖父との小さな衝突を淡々と描いている。工芸品の色や質感を語り合う中で、美緒が何とか祖父を理解しようとする場面である。

イ　自尊心が強く傷つきやすい孫娘と、職人気質《かたぎ》で頑固な祖父との対話を描いている。工芸を音楽にたとえた会話を通して、不器用な二人が徐々に打ち解けていく場面である。

ウ　敏感《びんかん》で悩《なや》みを抱える孫娘と、ものづくりの世界で生きてきた祖父との交流を描いている。工芸品に託《たく》した祖父の言葉に触れて、少しずつ美緒が変わっていく場面である。

エ　芸術に鋭い感性を示す孫娘と、同じ感性を持つ祖父との師弟関係を平易な表現で描いている。工芸家を目指す美緒と、師である祖父のひそかな喜びを記す場面である。